SEGURO OBRIGATÓRIO DE RESPONSABILIDADE CIVIL AUTOMÓVEL

Síntese das Alterações de 2007
(DL 291/2007, 21 Ago.)

ARNALDO FILIPE DA COSTA OLIVEIRA
Mestre em Direito
Jurista do Instituto de Seguros de Portugal

SEGURO OBRIGATÓRIO DE RESPONSABILIDADE CIVIL AUTOMÓVEL

Síntese das Alterações de 2007
(DL 291/2007, 21 Ago.)

ALMEDINA

SEGURO OBRIGATÓRIO DE RESPONSABILIDADE CIVIL AUTOMÓVEL
Síntese das Alterações de 2007 (DL 291/2007, 21 Ago.)

AUTOR
ARNALDO FILIPE DA COSTA OLIVEIRA

EDITOR
EDIÇÕES ALMEDINA. SA
Av. Fernão Magalhães, n.º 584, 5.º Andar
3000-174 Coimbra
Tel.: 239 851 904
Fax: 239 851 901
www.almedina.net
editora@almedina.net

PRÉ-IMPRESSÃO I IMPRESSÃO I ACABAMENTO
G.C. GRÁFICA DE COIMBRA, LDA.
Palheira – Assafarge
3001-453 Coimbra
producao@graficadecoimbra.pt

Setembro, 2008

DEPÓSITO LEGAL
282134/08

Os dados e as opiniões inseridos na presente publicação são da exclusiva responsabilidade do(s) seu(s) autor(es).

Toda a reprodução desta obra, por fotocópia ou outro qualquer processo, sem prévia autorização escrita do Editor, é ilícita e passível de procedimento judicial contra o infractor.

Biblioteca Nacional de Portugal – Catalogação na Publicação

OLIVEIRA, Arnaldo

Seguro obrigatório de responsabilidade civil automóvel. – (Monografias)
ISBN 978-972-40-3582-6

CDU   347
          368

NOTA INTRODUTÓRIA

O presente estudo parte, naturalmente, de um entusiasmo pelas matérias do regime do seguro obrigatório de responsabilidade civil, matérias seguradoras que conjugam de forma privilegiada a dificuldade desafiante e o extenso impacto prático.

O que tem sido intensificado pela especial atenção que o legislador nacional recente lhe tem vindo a conceder.

Agradeço ao Senhor Dr. Rodrigo Lucena, Vogal do Conselho Directivo do Instituto de Seguros de Portugal, a confiança que depositou em mim para as matérias desta área, ao Senhor Dr. Carlos Marques, Director do Fundo de Garantia Automóvel, o diálogo sempre profícuo, e à Senhora Dra. Otília Silva, Directora do Departamento de Documentação do Instituto de Seguros de Portugal, a ajuda com bibliografia mais rebelde.

Lisboa, Junho de 2008

SUMÁRIO

§1. Intervenção legislativa complexa, e além da mera transposição da 5ª Directiva do Seguro Automóvel;

I. ALTERAÇÕES EM TRANSPOSIÇÃO DA 5ª DIRECTIVA

§2. Actualização progressiva do **capital mínimo** do SORCA;
§3. Extensão do **"Procedimento de oferta razoável"**, em termos principalmente geográficos e materiais
   3.0. Enquadramento específico da matéria, em especial âmbito do "Procedimento"; o **"Regime de regularização de sinistros"**
   3.1. Alterações ao "Procedimento" para lá do âmbito
§4. Alargamento do âmbito de intervenção do FGA
   4.1. Danos decorrentes de sinistros automóvel causados por **veículos isentos da obrigação de seguro em razão do veículo em si mesmo**;
   4.2. DM causados por sinistro com **responsável desconhecido** quando se verifiquem simultaneamente **DC significativos**;
   4.3. Regime dos **veículos importados**;
   4.4. Regime das **matrículas falsas**.
§5. Princípio do **âmbito "Carta Verde" do seguro obrigatório** (assim como do respectivo prémio).
§6. Esclarecimento de que o Regulamento (CE) 44/2001 do Conselho, 22 Dez., permite ao lesado **demandar a seguradora do responsável no seu (lesado) domicílio**.
§7. Alteração do regime de **acesso aos autos-de-notícia** de acidentes de viação elaborados por autoridades públicas.
§8. Respigo de matérias menos significativas: **cobertura de peões e ciclistas** causadores do acidente; eliminação da **franquia das indemnizações a pagar pelo FGA** por acidente causado por veículo sem seguro; **certificado de tarifação**; e outro aspecto (remissão).

II. ALTERAÇÕES EXTRA TRANSPOSIÇÃO DA DIRECTIVA

a) Ao nível do funcionamento material do SO
(i.e., do âmbito e termos da cobertura)

§9. Regime do **âmbito de cobertura**.
§10. Danos causados por **veículo à guarda de garagista**: sua cobertura por seguro, seja o do garagista ainda que em razão de uso alheio ao âmbito profissional do garagista, seja o do proprietário quando não exista seguro do garagista.
§11. **Inspecção periódica obrigatória** de veículo.
§12. **Direito de regresso** das seguradoras contra o condutor causador do acidente que esteja alcoolizado.
§13. Regime de **regularização dos sinistros**; em especial regime da **perda total**.

b) Ao nível do funcionamento lateral do SO
(i.e., de informação, forma, prova, ...)

§14. Eliminação da obrigatoriedade de **emissão** do certificado internacional de seguro (**carta verde**) em todos os casos, concretamente em relação a contratos cujo prémio seja pago em fracções de tempo inferiores ao quadrimestre.
§15. Especiais deveres de **transparência** para a previsão de **franquia** e para o **direito de regresso**.

c) Regime do FGA e da tutela do cumprimento da obrigação de seguro

§16. Responsabilidade do FGA pelos **danos materiais** causados por **responsável desconhecido** quando o **veículo** causador do acidente tenha sido **abandonado no local do acidente**, não beneficiando de seguro válido e eficaz ...
§17. Regime do **fundado conflito** entre o FGA e a seguradora sobre qual deva indemnizar o lesado;
§17-A. **Excurso**. Aplicação da **oponibilidade das excepções** aos lesados relativamente às invalidades em razão de **inexactidões ou omissões na declaração do risco**
§18. **Limites especiais à responsabilidade do FGA** quando haja outras entidades convocáveis para a efectivação do ressarcimento às vítimas
  18.1. Acidente simultaneamente **de trabalho (ou de serviço) e de viação**;
  18.2. Acidente em que a vítima beneficie de seguro automóvel não obrigatório: seja de **seguro de danos próprios**, seja de **cobertura de pessoas transportadas**;

18.3. Acidente em virtude do qual o lesado tenha direito a **prestações ao abrigo do sistema de protecção da Segurança Social;**

§19. **Exclusão** do âmbito da garantia do FGA de **categorias atinentes ao incumprimento da obrigação de seguro**

§20. Reforço da **garantia de reembolso** do FGA

§21. Alterações em sede de **gestão financeira** do FGA

§22. Regime especial de **apreensão e venda do veículo sem seguro em caso de acidente**

*

§23. Síntese final

§1. Intervenção legislativa complexa, e além da mera transposição da 5ª Directiva do Seguro Automóvel

1. O DL 291/2007, de 21 Ago., que entrou em vigor em 20 de Out. 07, aproveitando o ensejo da transposição da 5ª Directiva do Seguro Automóvel (2005/14/CE), introduziu diversas alterações extra-Directiva ao que passou a nomear como o *sistema* do seguro obrigatório de responsabilidade civil automóvel (doravante sSORCA), que, como anotado no respectivo preâmbulo, é constituído por 2 pilares, igualmente relevantes, o do seguro obrigatório em si e o do Fundo de Garantia Automóvel (FGA).

Considerando o conjunto de novidades do regime de 2007 relativamente ao regime anterior podemos falar em uma "revisão geral" (que não total) do sSORCA, que depois se prolongou em diversos regulamentos (emitidos em 2007 e 2008).

2. A complexidade deste processo regulatório envolveu ainda no nível hierarquicamente legislativo (lei da Assembleia da República e decreto-lei do Governo) dois outros diplomas: **um**, final, o DL 83/2006, de 3 Mai., sobre regularização em geral dos sinistros automóvel, que vigorou de 31 Ago. '06 até à entrada em vigor do diploma de 2007, e o **outro**, instrumental, prevendo um procedimento especial de tutela da obrigação de seguro pela apreensão e venda de veículos sem seguro intervenientes em sinistro automóvel, cuja última menção pública o deu como proposta de lei de autorização legislativa a apresentar pelo Governo à Assembleia de República, que todavia não chegou a avançar (cf. §22. *infra*).

O DL 83/2006, de 3 de Mai., conhecido como "regime da regularização dos sinistros no âmbito dos seguros automóvel", abrange a regularização devida nos termos, quer do seguro obrigatório[1], quer das *"coberturas facultativas relativas aos danos próprios sofridos pelos veículos seguros, desde que os sinistros tenham ocorrido em virtude de choque, colisão ou capotamento"* (art. 4°); e, além do mais, transpôs a 5ªDSA na parte[2] em que prevê a extensão do "Procedimento de oferta razoável" previsto na 4ªDSA (2000/26/CE) a todos os sinistros automóvel regularizáveis no âmbito do sSORCA. Vide, com detalhe, o ponto 3.0. do §3. *infra*.

3. Os trabalhos legislativos que desembocaram no DL 291/2007 incluíram dois procedimentos de consulta pública (Set. '06 a Jan. '07, e Jan.'07, respectivamente), de que resultaram 3 documentos de acesso público de muito útil compulsação: *"Documento de Consulta Pública 4/2006"* (inserido a 21 Set. '06), *"Documento de Ponderação de Resultados da Consulta Pública 4/2006/Documento de Consulta Pública 1/2007"* (inserido a 3 Jan. '07) e *"Documento de Ponderação de Resultados da Consulta Pública 1/2007"* (inserido a 22 Jan.'07).

Cada um destes documentos está disponível no *site* do ISP (www.isp.pt) acompanhado cada um da respectiva versão do *"Anteprojecto D-L transposição 5ª Directiva Seguro Automóvel"*.

Note-se que o conteúdo do DL 291/2007 nalguns ponto dista razoavelmente do conteúdo do Anteprojecto resultante da Ponderação de Resultados do último procedimento de consulta pública, pelo que nem sempre os referidos docs. são susceptíveis de iluminar o pensamento do legislador final.

4. Por fim, sintetize-se que o sentido global que mais importa no conjunto de soluções da 5ªDSA é do aumento da protecção dos lesados de acidentes de viação (como de resto relevado no preâmbulo do diploma de 2007), sendo que ao nível das soluções extra-Directiva, embora muitas delas tenham igual sentido, outras há principalmente destinadas à acentuação do carácter do FGA de *"último*

---

[1] Neste âmbito se devendo incluir a parte do seguro de RCA que vá além dos capitais mínimos, cf. último parágrafo do ponto 3.0. do §3. *infra*.

[2] Concretamente o n° 4 do Art. 4° da 5ªDSA, na parte em que adita um Art. 4°E à 3ª Directiva do Seguro Automóvel (90/232/CEE).

recurso para o ressarcimento das vítimas da circulação automóvel", para usar as palavras do preâmbulo (itálico nosso).

De seguida referir-nos-emos apenas aos aspectos que consideramos mais relevantes, seja no cap. I. (que todavia inclui um §8. com menção de aspectos menos relevantes), seja no cap. II.

Em relação às matérias extra-transposição (cap. II) optámos por não introduzir amaciamento do género do §8. à orientação de só mencionarmos o mais relevante [onde teríamos podido mencionar p.e. as tradicionais[3], seja actualização dos montantes das coimas por incumprimento da obrigação de seguro e dos deveres relativos à tutela da veracidade da situação registal dos veículos, seja melhoria da concatenação dos regimes do diploma do sSORCA com o Cód. Estrada (respectivamente, arts. 85º e 80º ss. do DL 291/2007)].

Cf. §23., com a Síntese final.

Incluímos no final a lista das abreviaturas.

Transposições em outros Estados membros são, p.e., as efectuadas pela *Ley 21/2007, de 11 de julio* (ESP), o *Decreto Legislativo 6 novembro 2007, n. 198* (ITÁ), e os arts. 1º e 2º da *Loi 2007-1774 du 17 décembre 2007* (FRA) – e para o nível *infra*-legal o *Décret 2007-1118 du 19 juillet 2007* e o *Arretê* da mesma data.

I. ALTERAÇÕES EM TRANSPOSIÇÃO DA DIRECTIVA

§2. Actualização progressiva do capital mínimo do SORCA

5. A principal alteração em transposição da Directiva é a da actualização progressiva do capital mínimo do SORCA.

A lei portuguesa previa um montante único de € 600 000 por sinistro, para danos corporais e materiais, tendo a transposição mantido o critério "por sinistro", com montantes diversos consoante relativos a danos corporais e a danos materiais.

---

[3] Pois que já o § 10º do preâmbulo do DL 522/85, 31 Dez., mencionava cuidados idênticos na respectiva intervenção legislativa.

Recorde-se que uma alteração relevante introduzida pela 5ªDSA no regime da 2ªDSA (84/5/CEE) nesta matéria – e dirigida à melhoria da protecção dos lesados – foi a da eliminação da faculdade de fixação pelo legislador nacional de um montante mínimo global para danos corporais e danos materiais pelo legislador nacional, faculdade cujo exercício precisamente constituía uma das bases do regime português.

Por outro lado, Portugal recorreu ao período transitório previsto na 5ªDSA[4] na sua máxima extensão, portanto atrasando a entrada em vigor dos montantes previstos nesta Directiva para 1 de Junho de 2012.

Todavia, por forma a espaçar no tempo o impacto económico do esforço de aumento dos capitais, optou por iniciar a actualização logo na data de entrada em vigor do DL 291/2007, de 21 Ago., e não apenas a meio do período transitório fixado na Directiva (os 30 meses após 11 de Junho de 2007, concretamente 11 de Dezembro de 2009), pelo que optou por uma actualização a 3 tempos[5], e não apenas a 2 tempos, que é o regime mínimo imperativo fixado na Directiva.[6]

6. O regime CE não prejudica a fixação de montantes de garantia superiores pelos Estados membros.[7]

Assim, o DL 291/2007 manteve os capitais mínimos mais elevados para os seguros relativos, seja a transportes colectivos, seja a provas desportivas, que o

---

[4] Concretamente nos §§ 2º a 4º do Art. 1º da 2ªDSA, na redacção introduzida pelo Art. 2º da 5ªDSA.

[5] Portanto na data de entrada em vigor do DL 291/2007, quase a meio do período transitório (1 de Dezembro de 2009) e quase no final do período transitório (1 de Junho de 2012).

[6] Segundo prática tradicional do mercado segurador português (aliás largamente exercitada no âmbito do período transitório para actualização do capital mínimo do SORCA previsto no Tratado de Adesão), a superveniência de uma actualização dos capitais mínimos de um seguro relativamente aos contratos em vigor na data da actualização determina a elevação automática dos capitais garantidos, devendo o sobre-prémio co-respectivo ser cobrado na anuidade ou, em caso de não renovação do contrato, aquando da emissão do certificado de tarifação pela seguradora, e como condição da emissão desse certificado.

[7] Art. 1º, nº 2, § 1º, da 2ªDSA, seja na versão original, seja na versão do Art. 2º da 5ªDSA.

legislador nacional vem mantendo pelo menos desde 1975[8] – concretamente as previsões de: *a)* um capital mínimo por sinistro 2* superior ao do regime geral, com um limite máximo por lesado de montante igual ao capital mínimo por sinistro do regime geral, para os seguros relativos a transportes colectivos; e *b)* um capital mínimo por sinistro 8* superior ao do regime geral com um limite máximo por lesado de montante igual ao capital mínimo por sinistro do regime geral, para os seguros relativos a provas desportivas.

A intervenção legislativa de 2007 limitou-se a aplicar a actualização dos capitais do regime geral a estes capitais.

7. Por último, apesar da relevância da matéria, frise-se o consenso que rodeou a solução aprovada, constante da proposta inicial de diploma apresentada pelo ISP ao Governo e que, sujeita a 2 procedimentos de consulta pública (em Setembro de 2006 o 1º, e em Janeiro de 2007 o 2º), não registaria qualquer oposição de relevo.

§3. Extensão do "Procedimento de oferta razoável", em termos principalmente geográficos e materiais

3.0. *Enquadramento específico da matéria, em especial âmbito do "Procedimento"; o "Regime de regularização de sinistros"*

Síntese inserida para a devida compreensão do presente §.

8. Recorde-se: a 4ªDSA (de 2000, conhecida como "Directiva de protecção dos turistas") obrigou à previsão na lei nacional de um "Procedimento de oferta razoável" (art. 4º/6, cf. cons. 18) para o ressarcimento dos residentes no EEE[9] vítimas de acidentes automóvel ocorridos no território dos países-Carta Verde[10] que não o território do país de residência da vítima, desde que causados por veículo com estacionamento habitual e segurado em país do EEE.

---

[8] Opção legislativa que conheceu um interregno entre 1986 e 1993 relativamente ao seguro de provas desportivas e que, naturalmente, não prejudica a previsão de outros regimes especiais (de igualmente maior protecção dos lesados) em outros diplomas, *maxime* diplomas reguladores de actividades que revistam maior perigosidade (de que são exemplo os diversos casos de transporte de matérias perigosas, como p.e. matérias radioactivas).

[9] Cf. §5. *infra*.

[10] *Idem*.

O ressarcimento aí previsto é o devido nos termos da lei civil aplicável no território do local de ocorrência do acidente (Convenção de Haia de 4 Maio de 1971, cujo regime se centra no art. 3º)[11], ainda que efectuado no território de residência da vítima, e o seu âmbito material é o da totalidade da cobertura do SORCA, que no caso da lei portuguesa[12] é o da totalidade da RCA (art. 4º/1 DL 291/2007), bem entendido, até ao limite do capital mínimo obrigatório[13].

Assim sendo, a limitação do ressarcimento devido nos termos do Procedimento de oferta razoável da 4ªDSA, para além do inerente à existência de capital mínimo, não era "material" (abrangia todos os danos, materiais e corporais, desde que previstos na lei civil do local do acidente), nem "subjectiva" (abrangia as obrigações de reparação de quem quer que fosse o obrigado, seguradora ou organismo de

---

[11] Cf. §6. *infra*.

[12] A lei comunitária não obriga à integral correspondência entre a RCA (fixada na lei civil) e o SORCA, pois que o nº 1 do art. 3º da 1ªDSA (72/166/CEE), do mesmo passo que obriga os Estados membros à instituição do SORCA, reconhece-lhes liberdade para "*determinar o âmbito da cobertura e as modalidades*" do mesmo, tão-só obrigando a uma cobertura mínima constante do nº 2 desse mesmo art., cobertura mínima harmonizada essa que depois se foi desenvolvendo ao longo das posteriores Directivas do Seguro Automóvel, com especial relevância das 2ªDSA (84/5/CEE; capital mínimo) e 3ªDSA (90/232/CEE).

Para uma síntese da enorme variação do ressarcimento proporcionados pela RCA nos 27 Estados membros da UE, *vide*, *v.g.*, a tradução para italiano do relatório preparado para o Parlamento Europeu no âmbito do processo "Roma II" (cf. última nota de rodapé do §23. *infra*), Andrea Renda e Lorna Schrefler, "Il risarcimento delle vittime di incidenti stradali internazionali nell'UE: valutazione di alcune opzioni", *Diritto ed Economia dell'Assicurazione*, 2007 (3-4), págs. 1085 ss. (para o SO *v.*, p.e., as págs. 1098 e 1099 e o quadro da pág. 1119).

O argumentário (*de iure constituendo*) **no sentido da aplicação**, ainda que parcial (restrita à determinação do *quantum* indemnizatório), **não da lex loci, mas da lex damni** (lei do lugar da produção do efeito lesivo, independentemente do lugar onde ocorra o facto que deu origem à lesão – e que será o lugar da residência da vítima) **aos acidentes de viação, no caso dos sinistros regularizáveis nos termos do sistema da 4ªDSA ganha a razão adicional da rapidez do processo da regularização** (ocorrendo a regularização no país de residência da vítima, a rapidez do processo tem a ganhar, em princípio, se decorrer por aplicação da lei da residência da vítima, e não pela da lei do local do acidente).

[13] No caso dos ordenamentos jurídicos onde haja capital mínimo obrigatório, bem entendido, como o português e o da larga maioria dos Estados membros da UE. As excepções a esta larga maioria eram, até recentemente, p.e., a BÉL e, para o dano corporal, a FIN, a FRA, a NOR e o R.U. (para a UE, cf. as últimas págs. cits. na nota anterior).

indemnização[14]), mas, por assim dizer, "geográfica" (só acidentes ocorridos no estrangeiro). (Para além de se limitar aos acidentes cuja regularização fosse devida nos termos da RCA, portanto não abrangendo os regularizáveis nos termos de coberturas de danos nos causadores do acidente).

A 4ªDSA foi transposta para o ordenamento jurídico nacional pelo DL 72-A/2003, de 14 Abr., constando o Procedimento de oferta razoável do art. 44º que aditou ao DL 522/85.

Este Procedimento (se considerando o conjunto das leis nacionais de transposição, que é a perspectiva exacta com que deve ser encarado) tinha, da perspectiva de uma dada lei nacional, p.e., a portuguesa, uma esfera de aplicação por assim dizer dupla, uma "dupla face": tanto servia os residentes em Portugal com base na aplicação do sistema de regularização de sinistros previsto na lei estrangeira (obrigando à regularização do sinistro em Portugal, pela seguradora do veículo estrangeiro ou pelo organismo de indemnização português, de todos os danos, corporais e materiais, num prazo máximo de 3 meses) [face "aplicação da lei estrangeira"], quanto os residentes no estrangeiro com base na aplicação do sistema de regularização previsto na lei portuguesa (concretamente o fixado no referido art. 44º, obrigando à regularização do sinistro no estrangeiro, pela seguradora do veículo português ou pelo organismo de indemnização estrangeiro, de todos os danos, num prazo máximo de 3 meses) [face "aplicação da lei portuguesa"].

Donde, o poder falar-se, a propósito, que o art. 44º implicava um sistema de apressamento da regularização dos sinistros automóvel especialíssimo – porque especial em termos geográficos (= âmbito relativamente curto), materiais (= âmbito amplo) e, pelos vistos, "operativos", *i.e.*, de nacionalidade dos ordenamentos jurídicos e dos operadores envolvidos (a tal "dupla face").

---

[14] Os acidentes cuja regularização estivesse a cargo do SNS do país de residência da vítima (os ocorridos no próprio território de residência desta) estavam por definição excluídos do sistema, pois que este destina-se ao ressarcimento da sinistros ocorridos *dentro* do território do país de residência da vítima.

9. Assim, desde 20 Jan. '03, data de produção de efeitos do diploma de 2003, o ordenamento jurídico nacional[15] passou a dispor de 2 sistemas de apressamento da regularização dos sinistros automóvel nos termos da obrigação de RCA, o geral, que singelamente previa que "*Se, decorridos 30 dias, a seguradora, na posse de todos os elementos indispensáveis à reparação dos danos ou ao pagamento da indemnização acordada, não tiver realizado essa obrigação, por causa não justificada ou que lhe seja imputável, incorrerá em mora, vencendo a indemnização juros à taxa legal em vigor*"[16], e o relativo aos chamados "acidentes da 4ª Directiva", de "dupla face" (cf. *supra*), onde a obrigação da seguradora de, em 3 meses a contar da apresentação do pedido de indemnização pelo lesado, apresentar ou uma proposta de indemnização fundamentada, ou uma recusa fundamentada, era garantida por sanções pecuniárias reforçadas e sanções administrativas, que o legislador pretendia adequadas, eficazes e sistemáticas, por forma a não sujeitar Portugal[17] a um procedimento de incumprimento do referido art. 4°/6 da 4ªDSA (cf., aliás, o n° 7 do mesmo).

10. Este Procedimento de oferta razoável previsto na Directiva de 2000 (4ªDSA) veria o seu âmbito alargado pela Directiva de 2005 (5ªDSA, art. 4°-E previsto no respectivo art. 4°/4), a todos os acidentes automóvel cuja regularização fosse devida nos termos da RCA (portanto não apenas aos "acidentes da 4ª Directiva", mas também aos ocorridos no território do país de residência da vítima). Directiva cujo regime teria de estar em vigor nos ordenamentos nacionais em Jun. '07.

---

[15] Referimo-nos aos sistemas de apressamento regulados pela *lei*, portanto não levando em conta o sistema de apressamento de origem convencional sectorial, concretamente o baseado na "Convenção IDS" (de Indemnização Directa ao Segurado), em vigor entre a quase totalidade das seguradoras desde 2002. Note-se que o âmbito de aplicação deste sistema exclui designadamente os acidentes com dano corporal e os danos materiais por veículo superiores a um montante monetário.

[16] Art. 21°/5 da Apólice Uniforme do SORCA, aprovada pela NoISP 17/2000-R, 21 Dez. (*DR*, II, 16, 19 Jan. '01).

[17] Da perspectiva da "face"-aplicação da lei portuguesa à regularização do sinistro – aplicação portanto no estrangeiro, por seguradora portuguesa, e em benefício de vítima residente no estrangeiro.

11. Ora, o alargamento do âmbito de aplicação do Procedimento de oferta razoável da 4ªDSA/DL 72-A/2003, em cumprimento da 5ªDSA, em Portugal ocorreu em 2 tempos:

a) em 2006 (DL 83/2006, 3 Mai.) caiu a restrição "geográfica", o que só por si representou um decisivo alargamento da relevância social do Procedimento, e, por outro lado, e *além* do previsto na lei CE, foi prevista a aplicação do Procedimento à regularização devida, como se citou no §1. *supra*, nos termos das *"coberturas facultativas relativas aos danos próprios sofridos pelos veículos seguros, desde que os sinistros tenham ocorrido em virtude de choque, colisão ou capotamento"*;

a') mas, numa evidente estratégia de faseamento do impacto desse desenvolvimento legislativo, retiraram-se do novo âmbito alargado do Procedimento[18]:
– danos cuja regularização complexificasse muitíssimo a aplicação deste, seja em termos absolutos (os danos corporais), seja em termos especialmente do cálculo do dano (os *"sinistros relativamente aos quais se formulem pedidos indemnizatórios de lucros cessantes decorrentes da imobilização desses veículos"*), seja em termos especialmente de prova (os *"danos em mercadorias ou em outros bens transportados nos veículos intervenientes nos sinistros"*) [restrições "materiais"];
– sinistros cuja regularização estivesse a cargo do FGA e do GPCV [restrições "subjectivas"];
– e, por fim, danos cuja dimensão e casuísmo tornassem desadequada a aplicação de um regime de normalização como o do Procedimento, *"sinistros cujos danos indemnizáveis totais excedam o capital mínimo legalmente estabelecido para o SORCA"*, [restrição que diríamos *"de maximis"*, aliás autorizada pela extensão do Procedimento da 4ªDSA via 5ªDSA];

b) em 2007 (DL 291/2007, 21 Ago.), como não podia deixar de ser, caíram as restrições materiais e subjectiva que foram

---

[18] Art. 20º-B/1 do DL 522/85 aditado pelo DL 83/2006.

introduzidas em 2006 ao alargamento geográfico do Procedimento, passando o mesmo a abranger todos os sinistros envolvendo RCA (e as coberturas facultativas mencionadas), ainda que com dano corporal, e ainda que regularizáveis pelo FGA (seja enquanto organismo de indemnização nos termos do regime "Da protecção em caso de acidente no estrangeiro", vide infra, seja, agora, in se) ou pelo GPCV. Mas permaneceu a restrição "de maximis", compatível, como se apontou, com o Direito Comunitário.[19]

12. Assim, no período que medeia as datas de entrada em vigor dos DL 83/2006 e DL 291/2007 vigoraram 3 sistemas legais de apressamento da regularização dos sinistros automóvel ocorridos em território nacional:

1) o geral exigente (porque servido de sanções eficazes), aplicável aos danos não excluídos do Procedimento, e tendo por vítimas residentes em Portugal (DL 83/2006);
2) o geral menos exigente, para os danos excluídos do Procedimento e com vítima portuguesa (art. 21º/5 AUSORCA);
3) o especial exigente (porque servido de sanções eficazes), para todos os danos, beneficiando as vítimas residentes no EEE que não em Portugal (art. 44º DL 522/85, aditado pelo DL 72-A/2003), na medida em que a regularização do concreto dano não estivesse abrangida pelo sistema indicado em 1).[20]

---

[19] Relativamente aos "sinistros da 4ªDSA" existia igual restrição *"de maximis"*, pelo facto do legislador ter associado por inteiro o respectivo regime regularizador ao âmbito do seguro obrigatório.

[20] Eram, como se viu, designadamente os casos dos sinistros comportando pedidos indemnizatórios de lucros cessantes decorrentes da imobilização dos veículos e dos danos em mercadorias ou em outros bens transportados nos veículos.

Pelo que, ter-se-á de concluir, a fórmula legal a propósito (rigorosamente não necessária, mas compreende-se o propósito do legislador de iluminar a relação entre 2 regimes complexos e à primeira vista sobreponíveis) - *"A aplicação do regime estabelecido no presente capítulo aos casos previstos no número anterior não prejudica a aplicação do artigo 44º quando este garanta uma regularização mais célere do sinistro."* (art. 20º-B/3 DL 522/85, aditado pelo DL 83/2006) - peca, em rigor, por excesso de prudência, dizendo menos do que o devido. O exacto, parece-nos, é a fórmula empregue no texto.

A estes 3 regimes de aplicação da lei portuguesa à regularização do sinistro havia que juntar um outro, a "outra face" do sistema global previsto no DL 72-A/2003, e que por força de previsão de lei portuguesa basicamente obrigava o organismo de indemnização português – o FGA – a regularizar o sinistro segundo a lei estrangeira em determinada circunstância (arts. 49° ss. DL 522/85, aditado pelo DL 72-A/2003).

Com a entrada em vigor do DL 291/2007 operou-se a fusão dos sistemas indicados em 2) e 3) no 1) então alargado,[21] pelo que presentemente há basicamente um só sistema legal português de regularização dos sinistros automóvel – as excepções são os sinistros cujos danos indemnizáveis se não contenham no capital mínimo obrigatório do SORCA e a obrigação do organismo de indemnização português de, nos termos do regime "Da protecção em caso de acidente no estrangeiro", proceder à regularização de sinistros segundo a lei *estrangeira* em benefício das vítimas portuguesas de responsabilidade civil automóvel por acidentes ocorridos no estrangeiro (arts. 70° ss. DL 291/2007).

13. Aspectos **a frisar** em jeito de ganhar balanço antes de retomarmos o enfoque de base do presente estudo, a síntese das alterações de 2007.

Primeiro.
O legislador de 2006 não se limitou a alargar o procedimento de oferta razoável. Não, integrou esse alargamento num regime global de apressamento, que chamou "Da regulari-zação de sinistros" (*vide infra*).

As mencionadas restrições material e subjectiva ao Procedimento previstas em 2006 e eliminadas em 2007 são assim restrições comuns a todo o Regime da regularização dos sinistros. O mesmo relativamente à restrição "*de maximis*", criada em 2006, e que permaneceu em 2007.

---

[21] O 2) porque o Procedimento-versão 2007 passou a abranger *todos* os danos de responsabilidade civil automóvel cuja regularização cabe no seguro obrigatório, e o 3) porque aquele Procedimento passou a ser mais exigente do ele.

Segundo (que reiteramos, cf. ponto 8. *supra*).

Se a lei aplicável ao acidente é outra que não a portuguesa, não se lhe aplica o Procedimento de oferta razoável (nem o demais Regime de regularização dos sinistros) previsto no DL 291/2007 (ou, antes, no DL 83/2006), mas o previsto nessoutra lei, ainda que a regularização caiba ao representante em Portugal da seguradora estrangeira (caso, *v.g.*, de acidente em Espanha, causado por veículo com estacionamento habitual em Espanha – e, portanto, segurado por apólice espanhola – e vítima residente em Portugal).

Se, pelo contrário, a lei aplicável ao acidente é a portuguesa, então sim, aplica-se-lhe o Procedimento (e o demais Regime de regularização dos sinistros), ainda que a regularização caiba ao representante no estrangeiro da seguradora portuguesa (caso, *v.g.*, de acidente em Portugal, causado por veículo com estacionamento habitual em Portugal e vítima residente na Alemanha).

Terceiro.

Por argumento de evidente razoabilidade o regime de regularização dos sinistros regularizáveis no âmbito do SORCA deve aplicar-se por igual à parte do sinistro que vá além do SO, mas que se situe ainda no âmbito de um SRCA – é particularmente o caso da parte do dano que vá além do capital mínimo obrigatório e para cujo ressarcimento tenha o tomador contratado capital adicional.

3.1. Alterações ao "Procedimento" para lá do âmbito

14. Como se disse, a 5ªDSA previu a extensão do Procedimento de oferta razoável da 4ªDSA (e transposto para o ordenamento jurídico nacional em 2003) a todos os sinistros aos quais seja aplicável a lei portuguesa (*i.e.*, os sinistros ocorridos em Portugal), deixando de se aplicar apenas aos ocorridos em Portugal *e* tendo por vítima residente no EEE que não Portugal.[22] Tal extensão fora já parcialmente

---

[22] Mais exactamente: deixando de se aplicar apenas aos acidentes que vitimizem residentes num Estado membro do EEE, ocorridos em Estado membro do EEE distinto do da residência da vítima, ou em país terceiro aderente ao sistema da carta verde (no caso da lei portuguesa, art. 41º/1 do DL 72-A/2003, de 14 Abr., que alterou o DL 522/85, de 31 Dez., para transposição da 4ªDSA), e causados por veículo com estacionamento habitual em

prevista no DL 83/2006, 3 Mai., tendo o legislador de 2007 completado o processo, relevando em especial o alargamento do Procedimento aos sinistro com dano corporal.
Outros aspectos a relevar:

15. O "Regime de regularização de sinistros" (data-início 2006), além do "Procedimento" (data-início 2003): A intervenção legislativa de 2006 em matéria de regime de regularização de sinistros, e portanto a de 2007, foi bastante além da previsão nacional (aliás densificada) do "Procedimento de oferta razoável" (previsto na lei CE): o "Regime de regularização dos sinistros automóvel" (hoje Cap. III do Tít. II do DL 291/2007) contém variadas normas, prevendo obrigações das seguradoras[23] muito para lá do cumprimento dos prazos finais de regularização dos sinistros, nomeadamente:

– princípios genéricos a que seguradora deve atender na actividade de gestão deste tipo de sinistros (transparência, informação, profissionalização e especialização, monotorização e racionalidade), incluindo a manutenção de um registo dos prazos efectivos e circunstanciados de regularização dos sinistros, para efeitos de supervisão pelo ISP[24];

– obrigações relativas ao cumprimento de prazos intermédios (para 1º contacto com as parte envolvidas, para conclusão das peritagens e comunicação e disponibilização do resultado das mesmas, para determinação da reparação natural do veículo sinistrado);

– obrigações relativas à qualificação do acidente como determinando a "perda total" do veículo sinistrado, devendo portanto a reparação ser efectuada em dinheiro, e não *in natura* (cf. § 13. *infra*);

Estado membro do EEE que não o da residência e, bem assim, segurado em estabelecimento situado em Estado membro do EEE que não o da residência (art. 41º/2, *a contrario*, *idem*).

[23] Prevê também obrigações do tomador do seguro e do segurado em caso de sinistro e uniformiza a a participação do sinistro relevante para o desencadear do sistema. E fixa ao ISP incumbências de tutela, avaliação e prestação de informação relativas ao todo do Regime.

[24] Registo hoje regulado pela NoISP nº 16/2007-R, 20 Dez. 2007 (in *DR*, II, 20, de 29 Jan. 2008).

– obrigações quanto à atribuição de um veículo de substituição ao lesado, enquanto lhe não é disponibilizado o veículo sujeito a reparação natural ou o montante monetário da reparação;

– obrigações relativas à efectivação do pagamento das indemnizações, uma vez assumida a responsabilidade pela seguradora;

– obrigações de informação sobre a sua adesão a arbitragem voluntária; ou a códigos de conduta, convenções ou acordos tendentes ao apressamento da regularização dos sinistros,[25] os quais não podem importar aligeiramento das obrigações fixadas no Regime.

16. Alterações de 2006 ao "Procedimento" – a regularização dos sinistros sem dano corporal: Concretamente em relação ao Procedimento ("Procedimento de *proposta* razoável" desde 2006), a intervenção legislativa de 2006, além do alargamento do seu âmbito de aplicação [ponto 11. *a) supra*], trouxe também o encurtamento do prazo de formulação da proposta razoável (PR)/resposta fundamentada (RF) (de 3 meses para 32 dias), alterações relevantes ao nível das sanções previstas para o incumprimento pelas seguradoras e alguns afinamentos de pormenor.

Ao nível das sanções registaram-se 2 alterações: a previsão de sanção agravada para o caso em que a PR efectuada é manifestamente insuficiente (juros em dobro vezes 2 sobre a diferença entre o montante oferecido e o montante fixado pelo tribunal[26], n° 3 do art. 20°-G) e alteração da natureza da sanção para o atraso da seguradora na comunicação de uma RF nos casos em que a responsabilidade da seguradora tenha sido correctamente rejeitada – que de sanção administrativa (contra-ordenacional) passou para sanção civil (a *astreinte* prevista na parte final do n° 2 do art. 20°-H[27]).

---

[25] De que o exemplo paradigmático será a Convenção IDS, cf. a 1ª nota de rodapé ao ponto 9. *supra*.

[26] E portanto não contados sobre o montante total da indemnização fixado pelo tribunal, como previsto no n° 2 do art. 44° de 2003. Sendo simplesmente insuficiente, continuam a ser somente devidos os juros em dobro sobre o montante da indemnização, contados a partir do final do prazo legal para a apresentação da PR/RF.

[27] Por contraposição ao n° 3 do art. 44° da versão de 2003. Frise-se aliás o pendor francamente pró-sancionamento administrativista (por contraposição a civilista) do DL de 2006.

Concretamente em relação à *astreinte*, os elementos racional e sistemático da interpretação apontam no sentido da imputação ao lesado (e não ao ISP) do ónus do seu accionamento:

- não só a sua *ratio* é a de compelir a seguradora a uma resposta (embora no sentido da não assunção da responsabilidade pela regularização do sinistro) no tempo e moldes da lei, e não directamente o enriquecimento dos destinatários do produto da *astreinte*, sequer a compensação do lesado pelo incumprimento[28/29];

- como (em termos sistemáticos) no silêncio da letra do nº 2 do art. 20º-H (= lei especial) sobre a identidade da entidade sob a qual recai tal ónus, deve aplicar-se o regime geral das *astreintes* no âmbito das relações de direito privado, concretamente o nº 1 do art. 829º-A do CC, que o atribui ao credor da obrigação incumprida.[30]

17. Afinamentos de pormenor são, entre outros: para lá de uma arrumação mais espraiada das previsões [repartição do art. 44º de 2003 pelos arts. 20º-G, 20º-H e 20º-F/1, e), e 4 a 6 e 8]:

---

[28] Esta *ratio* decorre mais claramente do trecho da lei belga aproximável da presente solução, ao tornar devida a *astreinte* apenas 2 dias após o lesado ter relembrado a seguradora, depois de decorridos os 32 dias do prazo geral, da sua obrigação de RF [art. 14, § 2, da *loi du 21 novembre 1989* (lei do SORCA), na red. da *loi du 22 août 2002* (lei de transposição da 4ªDSA)] – por forma a, como referido no *exposé des motifs* da *loi* de 2002, atalhar eventual especulação do lesado sobre a inércia da seguradora.

[29] A menção ao ISP aí efectuada pela lei destina-se a prover a um cumprimento do figurino predisposto no art. 829º-A do CC (concretamente do figurino constante do seu nº 3) mais próximo da realidade social a regular (estando o ISP – parte do "Estado" aí previsto – mais próximo da realidade objecto dos DLs 83/2006 e 522/85 do que o simples "Estado", pessoa colectiva de direito público).

[30] Pouco feliz parece ser o trecho desse nº 2 do art. 20º-H *"para além dos juros devidos a partir do 1º dia de atraso sobre o montante previsto no nº 2 do artigo anterior"* (não eliminado em 2007), que nada acrescenta ao regime resultante do conjunto formado pelos arts. 20º-F/1, *a*), e 5, e 20º-G e 20º-H, tão-só obscurecendo a sua compreensão – pois, **ou** bem que a seguradora acaba por assumir a responsabilidade pela regularização do sinistro, e portanto aplica-se o previsto no art. 20º-G/2 e 3 , **ou** bem que a seguradora acaba por não assumir, e portanto aplica-se a *astreinte* prevista no art. 20º-H/2, *fine*.

À aplicação deste regime nada acrescenta o trecho em questão, que se limita a recordar o intérprete do art. 20º-H/2 que, caso a seguradora venha afinal a assumir a responsabilidade pela regularização do sinistro [no caso, portanto, da previsão do art. 20º-G/2], é-lhe aplicável o previsto no art. 20º-G/2 ...

– um regime adequado à pluralidade de partes envolvidas na regularização (ao nível da comunicação da PR/RF e ao nível da acomodação do dissenso seguradora-segurado), cf. n° 1, *e*), e 4 e 5 do art. 20°-F/1, e), e 4; *vide* também art. 20°-D/3;

– regimes de redução ou duplicação do prazo geral (n° 6 *idem*) e de suspensão do mesmo em razão de suspeita de fraude (n° 8 *idem*);

– explicitação de que a mera quantificabilidade do dano (por contraposição à sua quantificação exacta) não obsta a que a seguradora deva formular uma PR, e não uma RF [devendo todavia a delimitação destes casos relativamente aos previstos na al. *c*) do n° 1 do art. 20°-H ser prudentemente casuística].

18. Alterações de 2007 ao "Procedimento": Como se disse, as alterações maiores da lei de 2007 ao "Procedimento de proposta razoável" são a sua extensão à regularização dos sinistros com dano corporal e aos sinistros cuja regularização seja da responsabilidade do FGA ou do GPCV.

Concretamente em relação à aplicação do "Procedimento" ao GPCV, refira-se que o trecho final do n° 4 do art. 32° do DL 291/2007 destina-se a acomodar obrigações como a prevista no art. 8° do 'Acordo de Rethymno'[31] – portanto em sede de regime "menos integrado" dentro do sistema-Carta Verde, em que o acesso do veículo ao território de um país-Carta Verde distinto do da sua matrícula se efectua com base na emissão e posse de um concreto documento-"carta verde"[32] – no sentido do serviço nacional de seguros (SNS) poder fazer depender a regularização *in situ* do sinistro a que deva proceder de uma prévia confirmação da validade da CV do causador do acidente pelo SNS do respectivo país emissor: confirmação essa que pode demorar precisamente até 3 meses.

19. O especial regime de "Procedimento de oferta razoável" para os DC é uma inovação maior do regime de 2007 relativamente

---

[31] O *"Acordo entre os serviços nacionais de seguros, o Acordo entre os serviços nacionais de seguros dos Estados membros do Espaço Económico Europeu e outros Estados associados, assinado em Rethymno (Creta) em 30 de Maio de 2002, e publicado em anexo à Decisão da Comissão Europeia de 28 de Julho de 2003, no Jornal Oficial da União Europeia, L 192, de 31 de Julho de 2003"*, como identificado no art. 3°/1, *e*), do DL 291/2007.

[32] Por contraposição ao "regime mais integrado", em que para o efeito da circulação transnacional basta o mero estacionamento habitual do veículo em um país-Carta Verde. Cf. §5. *infra*.

aos regimes de 2003 e de 2006³³ e, julga-se, com um enorme potencial de impacto no tráfego jurídico (para o que decerto contribuirá sobremaneira a superveniência da Tabela Nacional para Avaliação de Incapacidades Permanentes em Direito Civil, aprovada pelo DL 352/2007, de 23 Out.).³⁴

Consta dos arts. 37º e 36º e 39º e 38º do DL 291/2007 e em termos gerais é de assinalar:

1) a densificação das previsões relativas aos deveres das seguradoras, basicamente relativas:
   a) à realização e transparência dos exames por perito médico [art. 37º/1, a) e b)]; e
   b) à assunção, ou não, da responsabilidade pela regularização do sinistro, matéria em que o legislador optou por prever 2 regimes, consoante a situação clínica do lesado esteja ou não suficientemente consolidada na data-limite para essa decisão [art. 37º/1, c), 3, e art. 39º]:
      i) estando-o, no prazo de 45 dias a seguradora efectua uma proposta definitiva³⁵;

---

³³ E em relação ao qual mais se registou impacto dos procedimentos de consulta pública havidos.

³⁴ Esta Tabela é só uma tabela médica ("*com valor indicativo, destinada à avaliação e pontuação das incapacidades resultantes de alterações na integridade psico-física*", § 10. preâmbulo respectivo), carecendo, para ser aplicada, de um co-respectivo critério ou valor que concretize monetariamente os valores que indica, e que para a indemnização devida nos termos da responsabilidade civil automóvel é dado pela **Portaria 377/2008, de 26 Mai.** (art. 39º/5 DL 291/2007), que todavia se limita a fixar valores "orientadores", *i.e.*, susceptíveis de substituição por outros valores, superiores (art. 1º/2 Portaria). A revisão da tabela económica será naturalmente mais frequente do que a da Tabela médica (o art. 13º Portaria fixa a revisão anual dos critérios e valores constantes dela).

Já no decurso da revisão das provas da presente publicação, foi publicado o **DL 153/2008, de 6 Ago.**, que, no que tange ao previsto no DL 291/2007, vem erguer a regime geral (portanto aplicável judicialmente a título de regime adjectivo da responsabilidade civil automóvel) a solução já prevista no nº 2 do art. 6º daquela Portaria 377/2008 (a atender pelas seguradoras no ressarcimento dessa responsabilidade por meio de contrato de seguro) de considerar tão-só os rendimentos fiscalmente declarados pela vítima da circulação automóvel para o efeito da determinação da indemnização do dano corporal – com portanto o intuito de "*aumentar as margens de possibilidade de acordo*" (8º considerando) entre seguradoras e terceiros lesados, e logo descongestionando os tribunais. Assim, procedeu ao *aditamento dos nºs 7 a 9 ao art. 64º do DL 291/2007*.

³⁵ Sem prejuízo de eventual negociação que venha a suscitar.

ii) não o estando, segue-se o regime previsto no n° 2 do art. 37°, nos termos do qual no prazo de 45 dias a seguradora fará uma "proposta provisória" [al. *a*)], que deverá depois ser sucedida por uma proposta definitiva no prazo de 15 dias a contar da consolidação clínica do lesado [al. *b*)][36];

2) dada a maior complexidade de princípio da regularização do DC relativamente à do DM – e portanto a maior dificuldade relativa de cumprimento dos respectivos prazos de regularização –, bem como a delicadeza da situação pessoal do lesado por DC, o legislador não usou da largueza empregue no regime de regularização do DM, e, atendendo à formulação da lei CE[37], usa a *apresentação de um pedido de indemnização pelo lesado como elemento desencadeador da contagem dos prazos para a regularização do DC*, não já a comunicação do sinistro; a excepção a este regime é o caso previsto na parte final da al. *a*) do n° 1 do art. 37°, e que, segundo os trabalhos preparatórios, "(...) *se justifica como medida de subtracção das seguradoras a protelamentos desrazoáveis de submissão a avaliações clínicas* (...)"[38];

3) aplicação à regularização dos DM sofridos por lesado simultaneamente por DC do regime de regularização dos DM, com a especialidade – em atenção à delicadeza da situação pessoal do lesado – da aplicação deste concreto regime carecer de autorização do

---

[36] Pelo que o prazo global para a assunção final definitiva da responsabilidade da seguradora pela regularização do dano corporal é de 45 + 15 dias [NB: apenas 2/3 do prazo fixado para o "Procedimento" na lei CE], sendo que, evidentemente, não há prazo limite para a "suspensão" da contagem de prazo entre a efectivação da proposta provisória e o começo da contagem do prazo de 15 dias para a formulação da 2ª proposta - a "suspensão" manter-se-á enquanto não sobrevenha a consolidação da situação clínica da vítima.

Os trabalhos preparatórios sinalizam versão deste regime que esgotava o prazo máximo fixado na Directiva (cf. nota de rodapé ss.) - concretamente o constante do DPRCP 1/2007, onde aos 75 dias para a comunicação da assunção, ou não assunção, da responsabilidade (dentro dos quais se integram os prazos relativos à avaliação do DC por perito médico, constante das als. anteriores desse n° 1) se iam depois somar os 15 dias de prazo pós-suspensão.

[37] Corpo do art. 6° da 4ª DSA, *ex vi* art. 4°-E da 3ª DSA introduzido pelo art. 4°/4 da 5ª DSA.

[38] Cf. ponto II., 8., 2.2., 1° trav., DCP 1/2007.

lesado, depois de para o efeito devidamente enquadrado e solicitado pela seguradora (art. 37º/4 e 5) – ou seja, neste caso, o prazo para comunicação da assunção, ou da não assunção, da responsabilidade pela regularização dos DM é o dos 30 dias previstos no Art. 36º/1, *e*), salvo se o lesado, depois de questionado sobre isso pela seguradora (nº 4 cit.), disser que pretende que a regularização não siga os prazos tão apertados do regime geral de regularização dos DM; se assim o fizer, pode depois a todo o tempo solicitar à seguradora o início dos procedimentos de regularização de tais danos; se o lesado continuar em silêncio relativamente ao início da regularização dos mesmos, a seguradora está obrigada a repetir a pergunta prevista no nº 4 no prazo previsto no nº 5; se então o lesado continuar a declinar o começo do processo de regularização do DM, então, parece, os prazos de regularização destes danos terão de ser, *no limite*, os prazos específicos para a regularização dos DC[39];

4) por fim, ao nível das sanções, o regime de 2007, partindo do regime de 2006, introduz-lhe especificamente um princípio de atenuação da sanção em razão da razoabilidade abstracta da proposta razoável efectuada pela seguradora – sem prejuízo, evidentemente, da razoabilidade em concreto poder não coincidir com aquela[40]: nos termos dos n°s 3 e 5 do art. 39º, quando a proposta da seguradora seja efectuada nos termos substanciais e procedimentais previstos no sistema de avaliação da Tabela Nacional para Avaliação de Incapacidades Permanentes em Direito Civil há uma tripla atenuação das sanções previstas nos n°s 2 e 3 do art. 38º: atenuação "(...) *seja na razão dos juros (que são apenas à taxa legal, e não ao dobro da taxa legal), seja na base de incidência dos juros (que é apenas o montante da diferença entre o proposto pela seguradora e o fixado finalmente pelo tribunal, e não este último 'tout court'* (...))."[41], seja,

---

[39] Evidentemente sem prejuízo de a seguradora poder repetir a questão prevista nos nºs 4 e 5 tantas vezes quantas as razoáveis.

[40] Caso em que, como se refere nos trabalhos preparatórios, «(...) *não pode deixar de ser reconhecido ao Tribunal o poder de fixação de juros moratórios relativamente pelo menos à diferença entre os 2 montantes em causa, o "razoável em abstracto" e o "razoável em concreto".*», ponto II., 8., 2.4., do DCP 1/2007.

[41] Ponto II., 4., 3., 2., DPRCP 1/2007.

por fim, na data de começo da contagem dos juros devidos relativamente aos danos não patrimoniais, que é a data da decisão judicial que torne líquidos os montantes devidos, e não a data da citação[42].

Naturalmente que para a questão de saber se é ou não aplicável o regime sancionatório atenuado previsto na parte final do nº 3 deste art. 39º o que releva é tão-só o cumprimento do conjunto formado pela Tabela aí prevista e a portaria prevista no nº 5. Se, não obstante tal cumprimento, ocorrer *in casu* desequilíbrio significativo em desfavor do lesado, parece evidente que a sanção não pode deixar de ser a atenuada. Donde, parece curta a utilidade da cláusula geral fixada no nº 6 desse art. 39º.

Aliás, de idêntico mal parece padecer o nº 4 do art. 38º ele mesmo, pois que os casos mais relevantes de "desequilíbrio significativo" subsumir-se-ão no regime das propostas manifestamente insuficientes do nº 3 do art. 38º (novidade de 2006 que, pelos vistos, não terá sido demoradamente atendida pelo legislador de 2007).

§4. Alargamento do âmbito de intervenção do FGA

20. O alargamento do âmbito de intervenção do FGA deu-se, seja pela cobertura de danos que até hoje podiam não estar (e em Portugal não estavam deveras) cobertos por fundo de garantia, seja por o legislador comunitário ter procedido a uma re-alocação de responsabilidades entre os FGA's dos Estados membros.

Integram a 1ª categoria, de danos a cujo ressarcimento os FG podiam até hoje ser inteiramente alheios, os decorrentes de sinistros automóvel causados por veículos isentos da obrigação de seguro em razão do veículo em si mesmo, e os DM causados por sinistro automóvel com responsável desconhecido quando se verifiquem simultaneamente DC significativos.

---

[42] "(...) *dado que a fixação judicial destes envolve uma especialmente relevante subjectividade, ao contrário do relativo aos danos patrimoniais.*", refere o processo legislativo (cit. nota de rodapé anterior), que imediatamente a seguir acrescenta que "*Relativamente aos danos patrimoniais, a solução que passará a decorrer 'a contrario' da lei será então a da liberdade de fixação judicial do regime nesta matéria.*".

E integram a 2ª categoria, de danos já cobertos por FG, os casos do chamado "regime dos veículos importados" e do chamado "regime das matrículas falsas".

4.1. *Danos decorrentes de sinistros automóvel causados por veículos isentos da obrigação de seguro em razão do veículo em si mesmo [arts. 48º/1, c) e 55º/3, fine]:*

21. É o caso, provavelmente[43], apenas das máquinas agrícolas não sujeitas a matrícula[44], dado que os acidentes eventualmente causados pela outra categoria de veículos isentos (veículos de caminhos de ferro, art. 4º/2) não integram a categoria de acidentes rodoviários/automóvel.[45]

Relativamente aos sinistros causados por veículos isentos da obrigação de segurar em razão da *pessoa responsável* pela sua circulação, a Directiva não trouxe qualquer obrigação de alteração ao regime aplicável, tão-só incumbindo a Comissão Europeia da publicação da lista das pessoas nessa situação e das autoridades e organismos responsáveis pela cobertura dos sinistros da sua responsabilidade. Pelo que o legislador nacional optou pela manutenção do regime do DL 522/85 (que aliás remonta pelo menos a 1975), cf. art. 9º, que aliás, tanto quanto de julga saber, repousa numa prática largamente disseminada de subscrição de SRCA pelas entidades públicas.

---

[43] Dependendo de não haver rigorosamente acidente rodoviário causado por veículo de caminho de ferro – que não seja carro eléctrico circulando sobre carris – que se não reconduza a um acidente ocorrido na intersecção dos carris com a via pública – hipótese que damos como *a priori* não certa no ante-penúltimo ponto do § 9. *infra*, para onde remetemos.

[44] Categoria que para o efeito naturalmente compreende as máquinas agrícolas não sujeitas a sinal identificativo semelhante a matrícula [cf. art. 3º, c), iiii)].

[45] Outro é o título pelo qual o FGA pode ser chamado à regularização dos danos causados por veículo de caminhos de ferro na parte em que a responsabilidade deste o sujeita ao SORCA ("responsabilidade por acidentes ocorridos na intersecção dos carris com a via pública", art. 4º/2) – não já o de ressarcidor de dano causado por veículo "isento", mas o de ressarcidor de dano causado por veículo "em incumprimento da obrigação de seguro" [não al. *c*) mas *a*) do art. 48º/1, portanto].

4.2. DM causados por sinistro com responsável desconhecido quando se verifiquem simultaneamente DC significativos
[art. 49º/1, c), 1ª parte, e 2]

22. Partindo do pressuposto da muito relevante improbabilidade de fraude nos sinistros em que aos DM se somem DC significativos, a 5ªDSA restringiu a liberdade[46] dos Estados membros de excluírem da cobertura do FG os DM causados por responsável desconhecido naquela circunstância, remetendo para a lei nacional a concreta delimitação de "danos corporais significativos".

Dada a novidade desta cobertura, mormente a incerteza sobre a dimensão do impacto sobre o FGA, o legislador português optou por um conceito de "danos corporais significativos" que terá de se considerar conservador (art. 49º/2), designadamente no confronto com a disposição correspondente da lei francesa anterior à transposição da 5ªDSA, que delimitava o dano corporal relevante para o efeito como a *"morte, ou uma hospitalização de pelo menos 7 dias seguida de uma incapacidade temporária igual ou superior a 1 mês, ou uma incapacidade permanente parcial de ao menos 10%"*.[47]

---

[46] Até então prevista no 4º § do art. 1º/4 da 2ªDSA; liberdade exercitada, para além do legislador português, ainda pelos legisladores, p.e., belga, britânico, espanhol e italiano. A excepção relevante, a este propósito, seria a do legislador francês, apelando precisamente à simultaneidade de DC significativos.

[47] Art. R. 421-18, nº 1, 4º §, do *Code des Assurances* (trad. nossa). Note-se que o Art. R.421-19 fixava uma franquia de € 300/vítima para a indemnização por DM, bem como um limite de € 970/vítima para a indemnização por DC (entretanto alterado pela transposição da 5ªDSA, cf. art. 2º/10º do *Décret nº 2007-1118 du 19 juillet 2007*).

Já o legislador espanhol de transposição fixou simplesmente que *"Se considerarán daños personales significativos la muerte, la incapacidad permanente o la incapacidad temporal que requiera, al menos, una estancia hospitalaria superior a siete días."* (art. 1º/10 da *Ley 21/2007, de 11 de julio*, concretamente a respectiva red. do 2º § da al. a) do nº do art. 11º da *Ley* aprovada pelo *RDL 8/2004, de 29 de octubre*).

4.3. Regime dos veículos importados (i.e., regime de local do risco para o SO relativo a veículos importados /para exportação; art. 5º)

23. Relativamente aos veículos destinados a exportação, para facilitar a colocação do seguro (portanto beneficiando imediatamente o tomador do seguro)[48], a Directiva vem considerar, durante o prazo de 30 dias a contar da data da aceitação da entrega pelo adquirente, o Estado membro do destino como Estado membro do risco para efeito da celebração do SORCA. Esta solução é completada pela correspondente responsabilização do FGA do Estado membro de destino pelos sinistros causados pelos veículos visados quando em incumprimento da obrigação de seguro. Soluções aplicáveis, *mutatis mutandis*, aos veículo importados. (Art. 5º).

Donde, p.e., um veículo adquirido em Espanha para envio para Portugal, será, para efeito de colocação do respectivo SORCA[49], e

---

[48] O relevo que de seguida se dará ao elemento racional da interpretação torna apropriada a cit. da respectiva justificação constante da proposta original da Comissão Europeia [o doc. COM(2002) 244 final, disponível no *site* da UE (*www.europa.eu*), p.e. no OEIL do Parlamento Europeu; concretamente a pág. 9; apenas disponível na versão inglesa; cf. *OJEC* C 227E, 24 Sep. 2002, p. 387] relativa ao género de dificuldades dos tomadores que se pretendeu atalhar: *"For the journey to the Member State of destination the vehicle has to be covered by an insurance policy issued by a company authorised to operate in the Member state of origin. Such short-term insurance is normally much more expensive 'pro rata' than insurance for a normal full term or it is more often than not difficult* [supomos que se trata de lapso, que o que a Comissão pretenderá dizer é *"or it is more often much more difficult"*] *to find any insurer ready to provide such short-term cover.*] *When the vehicle reaches the Member State of destination, it needs to be covered by insurance until its new registration is completed. In the exporting Member State the vehicle insurance does not often provide cover for this period and it is difficult to find alternative insurance in the Member State of destination.] The Directive should provide for a solution to make it easier to obtain insurance cover for these vehicles."*. Releve-se que **o intuito do legislador comunitário é, portanto, o da facilitação da colocação do seguro obrigatório não só *tout court* (garantir que o risco é deveras colocado, p.e., por meio de seguro de curto prazo, mais ou menos semelhante a um seguro de fronteira), como também a um preço razoável em termos de comparação com o preço de 30 dias de cobertura num contrato anual**.

[49] O argumento racional implica que o mesmo regime seja estendido ao seguro automóvel não obrigatório associado ao seguro obrigatório, parece, porque o objectivo da disposição comunitária foi o da facilitação da situação dos tomadores de seguro – e no caso

durante 30 dias, considerado um veículo com matrícula em Portugal, devendo portanto o seguro ser colocado em segurador autorizado ao exercício da actividade do concreto respectivo ramo de seguro em Portugal. Durante esse prazo, a lei aplicável ao contrato será a portuguesa (sem prejuízo da lei aplicável à responsabilidade civil de acidente causado em Espanha ser a espanhola, cf. *infra*, a "garantia-harmónio").[50]

Decorridos que sejam os 30 dias sem que o adquirente tenha efectuado o registo do automóvel no Estado membro de destino, repõe-se *ex lege* o regime geral – nos termos do qual o Estado membro em que o risco se situa é o Estado membro da matrícula (que neste caso será uma eventual matrícula temporária emitida pelo Estado membro de origem), ou, não a havendo, do sinal identificativo semelhante (cf. *infra*).

24. Dada a especial relevância transfronteiras deste regime, é útil recordar que o mesmo é aplicável aos veículos provenientes ou destinados a país do EEE[51], mas não a qualquer outro país (p.e., Suíça).

25. Do elemento racional da interpretação retira-se que este regime é aplicável apenas aos veículos destinados a exportação (por tanto devendo entender-se os veículos destinados a registo definitivo no estrangeiro) – não também a um veículo que o comprador entenda registar definitivamente no Estado membro de aquisição e de imediato enviar (portanto com a matrícula desse Estado membro) para o estrangeiro, como seria o caso do veículo de matrícula definitiva espanhola destinado a circular em Portugal.

---

em questão, de contrato "misto" (que, julga-se, constituirá a maioria dos contratos de seguro automóvel celebrados nalguns Estados membros relevantes), solução contrária obrigaria à celebração de 2 contratos, o que é decerto uma não-facilitação ...

[50] A cobertura da responsabilidade pelos acidentes causados em Espanha far-se-á ao abrigo do princípio do "âmbito-EEE" dos contratos de SORCA celebrados no EEE (*vide* cit. no §8. *infra*).

[51] Nº 3 do art. 1º da Decisão do Comité Misto do EEE 86/2006, 7 Jul. 2006, *in JOUE*, L 289, 19 Out. 2006.

26. Por outro lado, como se citou, o intuito do legislador comunitário aqui transposto é o da facilitação da colocação do seguro obrigatório não só *tout court* (garantir que o risco é deveras colocado, p.e., por meio de seguro de curto prazo, mais ou menos semelhante a um seguro de fronteira), como também a um de preço razoável em termos de comparação com o preço de 30 dias de cobertura num contrato anual. Pelo que a situação arquetípica visada pelo legislador comunitário é o da celebração de um contrato anual, em cujo mês inicial de vigência ocorra o registo nacional do veículo.[52]

Parece-nos pois menos feliz, seja da perspectiva do conseguimento mais eficaz do propósito do legislador comunitário, seja mesmo da adequação desta situação social ao figurino actual do seguro de fronteira nos ordenamentos jurídicos nacionais (pois que é um seguro[53] para segurar a RCA adveniente da condução de veículos com estacionamento habitual em países terceiros ao "sistema Carta Verde"), a transposição que, entre outras, a lei espanhola efectuou nesta sede:

> "Cuando se trate de un vehículo importado desde outro Estado miembro del Espacio Económico Europeo, durante un período máximo de 30 días, a contar desde que el comprador aceptó la entrega del vehículo, aunque éste no ostente matrícula española. <u>A tal efecto dichos vehículos podrán ser asegurados temporalmente mediante un seguro de frontera</u>." [art. 1/1, *e*), *Real Decreto Legislativo 8/2004, de 29 de octubre*, na red. do art. 1º/2 *Ley 21/2007, de 11 de julio*, sublinhado nosso].

Como detalhamos nos 2º, 3º e 4º parágrafos do ponto 28. *infra*, esta solução tem todavia a vantagem de desonerar as seguradoras autorizadas à aceitação de riscos espanhóis da prudente previsão da condição de eficácia do contrato ao fim dos 30 dias da efectividade do registo do veículo importado no Estado membro de destino (*i.e.*, em Espanha).

---

[52] Neste sentido vai a interpretação da lei comunitária veiculada no 1º § do preâmbulo da Portaria 290/2008, de 15 Abr., emitida nos termos do art. 5º/2 do DL 291/2007 (e que "Indica os documen-tos necessários para a identificação do veículo a segurar, quando não tenha ainda sido objecto de registo em Portugal, nem possa ser efectuada pela cópia da respectiva declaração aduaneira de veículo, certificada pela Direcção-Geral das Alfândegas e dos Impostos Especiais sobre o Consumo"), considerando que a respectiva intenção é "(...) *possibilitar a celebração de um contrato de seguro de prazo normal, portanto anual, o qual, naturalmente, poderá depois ser objecto de prorrogação nos termos gerais.*".

[53] Aliás nos termos de uma solução elaborada pelo *Comité Européen des Assurances* nos anos '90, e que leva em conta a Recomendação 74/165/CEE da Comissão, 6 Fev. 1974, *ECOJ*, L 87, 30 Mar. '74.

27. Por outro lado, relativamente à responsabilidade do FG do Estado membro de destino (assim como, de resto, à responsabilidade do FG do Estado membro de origem do veículo, passados os 30 dias sem que o veículo haja sido registado no Estado membro de destino), deve racionalmente[54] entender-se que a mesma é uma responsabilidade final – compatível, portanto, com a possibilidade da vítima de acidente causado pelo veículo sem seguro interpôr acção de ressarcimento contra o FGA do Estado membro do seu domicílio (em tribunal do Estado membro do seu domicílio).[55]

Tal FGA do Estado membro do domicílio da vítima terá depois direito de regresso contra o FGA do Estado membro de destino do veículo (durante os 30 dias a contar da data da aceitação pelo adquirente), ou contra o FGA do Estado membro de origem (passados que sejam os 30 dias sem que o veículo não tenha sido registado no Estado membro de destino).

V.g., um português que adquira veículo em França e que, sem seguro, no trajecto para Portugal atropele espanhol em Espanha. O espanhol demanda o FGA espanhol em Espanha (depois de se ter dirigido ao SNS espanhol, que o informou[56] tratar-se de veículo exportado de França para Portugal), o qual paga e terá depois regresso contra o FGA português.

28. No caso de, passados os 30 dias, o veículo se encontrar sem seguro e sem registo no Estado membro de destino, *e tendo caducado eventual registo (temporário) efectuado no Estado membro de origem*, parece aplicável o regime das matrículas caducadas (que é o

---

[54] Porque as concretas disposições comunitárias em questão (o art. 4º-A da 3ª DSA, introduzido pelo art. 4º/4 da 5ª DSA) estão estritamente ao serviço da facilitação da colocação do SO relativo ao veículo destinado a exportação, não à dificultação do ressarcimento das vítimas automóvel.

[55] Com base portanto na aplicação do previsto na al. *b*) do art. 9º/1, *ex vi* art. 11º, do Reg. (CE) 44/2001 do Conselho, 22 Dez. 2000, *in JOCE*, L 12, 16 Jan. 2001 ("Reg. de Bruxelas") aos lesados por acidente de viação, aplicação cuja possibilidade jurídica é reconhecida pelo considerando 16(A) da 4ªDSA, aditado pelo art. 5º/1 da 5ª DSA (cf., aliás, o § 14º do preâmbulo do DL 291/2007). A aplicação daquela disposição aos FG's far-se-á, portanto, por analogia. (Cf. §6. *infra*).

[56] Naturalmente, a aplicação do regime dos veículos para exportação depende da ciência pelas entidades envolvidas de que o veículo se encontra nessas circunstâncias.

regime das matrículas falsas), nos termos do qual a responsabilidade final pelos danos causados por esse veículo cabe ao FGA do Estado membro do local do acidente, com direito de regresso sobre o FGA do Estado membro responsável pelo registo (caducado) do veículo, *i.e.*, o Estado membro de origem (*vide infra*).

Se o registo efectuado no Estado membro de origem não tiver ainda caducado e o contrato de seguro do Estado membro de destino[57] não estiver em vigor – nomeadamente por a seguradora ter *prudentemente* condicionado a sua eficácia após os 30 dias previstos no art. 5º do DL 291/2007 à efectividade do registo do veículo importado no Estado membro de destino –, parece aplicável o mesmo regime mencionado no parágrafo anterior, cabendo a responsabilidade final ao FGA do Estado membro de origem.

Se a seguradora do Estado membro de destino *imprudentemente* não previr uma tal condição de eficácia do contrato após os 30 dias, passados estes sem que entretanto tenha ocorrido a efectividade do registo do veículo no Estado membro de destino, parece que o contrato estará afectado por uma mera invalidade ou ineficácia relativa – cujo direito de invocação é apenas do tomador do seguro (sem prejuízo, no caso português, do regime de inoponibilidade previsto no art. 22º do DL 291/2007), e não também da seguradora –, e devendo portanto a seguradora responder.

O carácter relativo da ineficácia ou invalidade desse contrato de seguro sobre veículo não legalizado dever-se-á, segundo julgamos, pelo menos ao facto de a *ratio* do dever violado (o que manda legalizar o veículo) ser alheia à regulação *inter*-partes do contrato de seguro.[58]

Segundo parece, a vantagem de uma solução como a da lei espanhola, de obrigar a que o seguro dos veículos importados se faça por meio de seguro de fronteira, será poupar as seguradoras autorizadas à aceitação de riscos espanhóis à prudente previsão da mencionada condição de eficácia do contrato.[59]

---

[57] O contrato de seguro celebrado ao abrigo do art. 5º/2 do DL 291/2007, transpondo o art. 4º-A da 3ªDSA, introduzido pelo art. 4º/4 da 5ªDSA, ao abrigo da consideração provisória do Estado membro de destino como o Estado membro da situação do risco.

[58] Argumento da ordem do enunciado pela Comissão Europeia relativamente aos contratos de seguro celebrados por seguradoras estrangeira em incumprimento do dever de notificação prévia nos termos do regime de acesso e exercício de origem comunitária, cf., *v.g.*, o 1º parágrafo do ponto B. do cap. I da Comunicação Interpretativa da Comissão 2000/C 43/03, "A liberdade de prestação de serviços e o interesse geral no sector dos seguros", *JOCE*, C 43, de 16 Fev. 2000, pág. 14.

[59] Para este concreto aspecto da lei espanhola, *v.* L. F. Reglero Campos, *Accidentes de circulácion: Responsabilidad civil y seguro*, 2ª ed., 2007, Navarra (Thomson/Aranzadi), pág. 569 e 570.

4.4. Regime das matrículas falsas [i.e., regime dos sinistros causados por veículos portadores de matrículas falsas, não identificáveis ou caducadas, art. 48º/1, b)].

29. A 5ªDSA, para o estrito efeito da regularização do sinistro causado por estes veículos, veio alterar a alocação da responsabilidade inter-FG's, deixando a responsabilidade de pertencer ao FG do Estado membro emissor da chapa original[60], para passar a ser o do Estado membro do local do acidente, porque se entendeu ser solução mais justa[61].

---

[60] Note-se que nem todos os Estados membros - concretamente os respectivos serviços nacionais de seguros, pois que até à 5ªDSA a lei CE não impunha tratamento ao nível de lei pública directa para a matéria - aplicavam esta solução, ora alterada, havendo muitos que seguiam já a solução que a 5ªDSA veio tornar obrigatória [María José Fernández Martín, "Breves apuntes a la 5ª Directiva de RC. Autos", *Revista Española de Seguros*, nº 122, Abr.-Jun. 2005, pág. 268, fala mesmo em que apenas Espanha, França, Itália, Portugal e Suíça (enquanto "país Carta Verde") seguiriam a solução ora vedada]. Explicitação desenvolvida da problemática no comentário da mesma Autora aos Arts. 7 e 8, *in* Luis Angulo Rodríguez e Javier Camacho de los Ríos (Dir.), *Comentario al reglamento sobre responsabilidad civil y seguro en la circulación de vehículos a motor (Aprobado por RD 7/2001, de 12 de enero)*, 2001, Barcelona (Atelier), págs. 153-156.

Note-se que, como referido na doutrina, nos termos da Convenção de Estocolmo, de 17 Set. 1993, os serviços nacionais de seguros podiam até não se ater à matrícula caducada para determinar a quem cabia a responsabilidade pela regularização, pelo que "*Cela conduisait à effectuer des recherches longues et souvent infructueuses pour déterminer le pays dans lequel la dernière plaque avait été légalement attribuée.*", James Landel e Lionel Namin, *Manuel de l'assurance automobile*, 3e éd., 2003, Paris, (L'Argus de l'Assurance/Dalloz), pág. 224-225. Cf. a Convenção e o respectivo comentário *in* Adriano Garção Soares, José Maia dos Santos e Maria José Rangel de Mesquita, *Seguro obrigatório de responsabilidade civil automóvel*, 2ª ed., 2001, Coimbra (Almedina), págs. 683-687.

A solução da 5ªDSA constitui portanto o último marco de uma evolução legislativa que teve como marcos anteriores os Acs. do TJCE dos casos nºˢ 344/82 ('Gambetta Auto') e 64/83, ambos de 9 Fev. '84, que levaram à alteração, pela 2ªDSA, da definição de "território do estacionamento habitual" da 1ª DSA, tendo então passado a incluir o território do Estado membro da matrícula caducada; o Ac. do caso C-73/89 ('Fournier'), de 12 Nov. '92, que estendeu às matrículas falsas o entendimento daqueles Acs. relativos às matrículas caducadas, tendo então levado à *supra* mencionada Convenção de Estocolmo. Excelente síntese de Alain Pire, *Treves VII – Vers une sixiéme directive assurance automobile – Une réglementation pour les remorques*, 06/11/2006, pág. 4, in www.eu-verkehrsrecht.org. V. também L. F. Reglero Campos, cit., págs. 70 ss..

A sequência de eventos a ter em conta num caso concreto é (quando a matrícula seja estrangeira): vítima de acidente causado por veículo com matrícula estrangeira dirige-se ao SNS do Estado membro do local do acidente; serviço este que, dado o carácter falso, não identificável ou caducado da matrícula, o envia ao FGA do Estado membro do local do acidente; o qual paga à vítima, sem direito de regresso sobre outro FG.

Em sede do regime aplicável aos sinistros causados por veículo com matrícula nestas circunstâncias não há[62] normalmente vantagem na invocação "doutrina da responsabilidade meramente final do FG ora onerado", enunciada no ponto 21. *supra* (veículos para exportação/importação), pois que o Estado membro do local do acidente será normalmente o Estado membro de residência da vítima. Quando tal simultaneidade não ocorra, parece bem que se poderá invocá-la, portanto permitindo à vítima residente no EEE pedir a regularização ao FG do seu Estado membro de residência, que pagará e ficará depois com direito de regresso sobre o FG do local do acidente.

Por fim, refira-se que, tendo a solução passado a ser a da obrigação do FG do local do acidente, eliminou-se da sequência de eventos a ter em conta as responsabilizações intermédias dos serviços nacionais de seguros.

---

[61] Porque se entendeu que o risco económico da regularização daquele sinistro deve ser considerado mais relativo ao Estado membro do local do acidente do que ao Estado membro da emissão original da matrícula, cf. cons. 5, 2º período, da 5ªDSA. Note-se que nos termos da 'jurisprudência Fournier' a responsabilidade do Estado membro emissor da chapa de matrícula tinha lugar ainda que a mesma tivesse sido na prática depois alocada a outro veículo ...

[62] Ao contrário do que sucederia sob o império do regime ora vedado (pois que neste o normal é não haver coincidência entre o Estado membro emissor da matrícula falsa, caducada ou inidentificável e o Estado membro de residência da vítima).

§5. Princípio do âmbito "Carta Verde" do SO (assim como do respectivo prémio)

30. O DL 291/2007 veio actualizar a letra da lei relativamente a aspectos fulcrais da delimitação do âmbito material e geográfico do SO, aspectos em que a letra do DL 522/85 não acompanhava o seu regime – trata-se da substituição, respectivamente, da "matrícula" por "estacionamento habitual do veículo" como critério de delimitação dos veículos obrigados ao SO (*vide infra*), e de "CE" por "EEE" como delimitação geográfica do âmbito SO imposto pela lei comunitária.

31. Concretamente em sede de delimitação do âmbito geográfico do SO, a acrescer ao regime comunitário – *i.e.*, basicamente o regime dado pelas chamadas Directivas sobre o Seguro Automóvel, e centrado na sua aplicação no território dos Estados membros do EEE –, há que considerar o regime decorrente da subscrição, pelos SNS dos Estados membros (da CE e do EEE), do Acordo de Rethymno, de Maio de 2002, e que basicamente aplica o SO no território do conjunto dos Estados dos Serviços subscritores.[63]

Este último regime é tradicionalmente chamado "regime Carta Verde", vem do pós 2ª Grande Guerra (com origem na ONU, destinando-se originalmente ao fomento da circulação rodoviária na Europa, tido como factor potenciador das trocas comerciais internacionais, e portanto do desenvolvimento económico europeu), e baseia-se em um sistema recíproco de regularização de sinistros causados por veículos com estacionamento habitual em país estrangeiro por gabinetes específicos nacionais (os "serviços nacionais de seguros", SNS, que são basicamente organismos criados *ex professo* pelas seguradoras de cada país aderente autorizadas ao exercício do concreto SRCA[64]) que, após a regularização, têm direito de regresso

---

[63] E que hoje são concretamente, além dos dos 30 Estados membros do EEE, a Suíça, a Croácia e, desde Mai. 2005, a Andorra. O Ac. Rethymno foi publicado em anexo a uma Decisão da Comissão Europeia,cf. art. 3º/1, *e*), DL 291/2007. Para um enquadramento geral, *v.*, na doutrina nacional, *v.g.*, M. J. Rangel de Mesquita, "O *Regulamento Geral* e a protecção das vítimas da circulação comunitária e internacional de veículos automóveis", *in Cadernos de Direito Privado*, nº 6, Abr./Jun. 2004, págs. 16 ss..

[64] Cf. o corpo do art. 90º do DL 291/2007.

sobre os gabinetes congéneres do país do estacionamento habitual do veículo causador do acidente.

Na sua versão original, a garantia de regularização de sinistros específica do sistema dependia da concreta detenção de um documento internacionalmente harmonizado de prova do SO, a "carta verde", emitido pelo SNS do país aderente do estacionamento habitual do veículo causador do acidente.

32. Estas 2 ordens de regimes, embora de distintas naturezas (lei pública comunitária e nacional *versus* lei convencional privada internacional) e âmbitos geográficos (território do EEE *versus* território dos "países Carta Verde", podendo estes estender-se nos termos do regime "facultativo" previsto na Secção II do respectivo Acordo) interseccionam-se num regime complexo e suscitador de evolução mútua.

P.e., foi o impulso dado ao sistema do SORCA na CEE pela abolição do controlo das cartas verdes nas fronteiras dos respectivos Estados membros pela 1ªDSA, em 1972, que determinou a evolução do "sistema Carta Verde" de um funcionamento baseado na existência de uma concreta CV na posse do veículo causador do acidente ["sistema da carta verde (*stricto sensu*)", ou "*da circulação com base na carta verde*"], para um baseado no estacionamento habitual do veículo causador do acidente em um dos países aderentes ao sistema: nesta evolução basta ao veículo ostentar a matrícula de um dos países aderentes para beneficiar de uma presunção de seguro suficiente para que o SNS do país aderente do local do acidente regularize este e depois se vá ressarcir em regresso junto do SNS do país aderente emissor da matrícula ("sistema baseado na presunção de seguro", ou "no estacionamento habitual", ou "*da circulação com base no estacionamento habitual*").[65]

---

[65] Já acima nomeamos os 2 sistemas como, respectivamente, sistema "menos integrado" e sistema "mais" integrado. Integram os países "mais integrados" a trintena indicada em nota anterior, e os "menos integrados" uma variedade de países onde se contam também países asiáticos (Irão, Israel e Turquia) e africanos (Marrocos e Tunísia). Estes países, ao contrário daqueles, não aderiram em bloco ao Ac. Rethymno, antes subscreveram cada qual um acordo bilateral nos termos da secção II do Regulamento Geral anexo ao Ac. Rethymno.

O legislador de 2007 refere-se aos veículos provenientes de país "menos integrado" como (adaptação nossa) 'veículo matriculado em país (terceiro) cujo serviço nacional de

33. Além da actualização da letra do diploma de 1985, o DL de 2007 veio afirmar de forma mais explícita o princípio relativo ao SO do "âmbito EEE com base num único prémio" – princípio que, por facilidade de exposição, decompomos em 2 sub-princípios, o do "âmbito EEE", que, em razão da assinatura do Acordo de Rethymno por quem a ordem jurídica portuguesa reconhece poder para tal, não pode deixar de ser do "âmbito CV", e o princípio de que tal cobertura extra-território nacional do SO é fornecida com base num prémio único.

A lei CE impõe os 2 sub-princípios, mas o Ac. Rethymno rigorosamente afirma apenas o primeiro, desinteressando-se da questão do preço do SO com o âmbito CV. Todavia, parece lógico que os legisladores nacionais de Estados do EEE aderentes ao Ac. Rethymno, à semelhança do português, acabem por aplicar o princípio do prémio único também à cobertura extra-EEE mas CV, pois que o Ac. Rethymno obriga a que os países dos SNS aderentes provejam a que o respectivo SORCA tenha sempre um âmbito CV, de que, portanto, não sejam autorizados SORCA com âmbito inferior ao do território CV. (Conclusão portanto que era devida face já ao DL 522/85).

Assim, nos termos do art. 10°/1, *a*) e *b*), DL 291/2007, a cobertura fornecida pelo SO, com base num prémio único, funcionará relativamente aos acidentes causados pelo veículo seguro no território de todos os países aderentes ao Ac. Rethymno, *"incluindo as estadias do veículo nalgum deles durante o período de vigência contratual"*, bem como, decerto com menos relevância, aos causados no *"trajecto que ligue directamente 2 territórios onde o Acordo do EEE é aplicável, quando nele não exista SNS"*[66].

Embora este âmbito fosse já inderrogável face à letra da lei comunitária anterior à 5ªDSA – e portanto inderrogável fosse igualmente ao nível das respectivas leis nacionais de transposição –, as resistências à sua aplicação levaram a uma maior explicitação na letra das leis comunitária e nacionais.[67]

---

seguros tenha aderido à secção II do Regulamento anexo ao Acordo de Rethymno'; e aos provenientes de país "mais integrado" como 'veículo com estacionamento habitual em país cujo SNS tenha aderido ao Acordo de Rethymno' [cf. art. 28°/1, *b*) e *c*), e 90°/1, *a*)].

[66] O trajecto previsto é entre 2 Estados EEE, e não entre 2 países aderentes ao Ac. Rethymno, pois que a mais não obriga a lei comunitária.

[67] Cf. os art. 4°/3 e o cons. 17 da Directiva. Acentuando a ideia de que o regime da extensão territorial por toda a UE deste seguro destina-se a compensar a falta de

34. O n° 2 deste art. 10° prevê a extensão territorial do SO a países não aderentes ao Ac. Rethymno mas cujo território seja objecto de menção numa CV (sistema de cobertura por emissão e detenção de CV, procedendo de acordo bilateral entre o SNS do concreto país não aderente e os SNS dos países aderentes, *supra* mencionado). *A contrario* com a nova redacção do corpo do n° 1, a seguradora é livre de não aplicar a unidade do prémio à extensão territorial do seguro prevista no n° 2.

§6. Esclarecimento de que o Regulamento (CE) 44/2001 do Conselho, 22 Dez., permite ao lesado demandar a seguradora do responsável no seu (lesado) domicílio

35. Nos termos do 14° § do preâmbulo do DL 291/2007, "*A interpretação efectuada na 5ª Directiva do Regulamento CE n° 44/ 2001, do Conselho, de 22 de Dezembro (relativo à competência judiciária, ao reconhecimento e à execução de decisões em matéria civil e comercial) não carece de ser vertida na lei nacional, pois que o regulamento é directamente aplicável. Trata-se, concretamente do reconhecimento de que esse regulamento permite ao lesado por acidente de viação demandar judicialmente a empresa de seguros de responsabilidade civil do responsável no Estado membro do domicílio do lesado*".[68]

Trata-se, é bem de ver, de uma faculdade excepcional[69], e especialmente útil aos lesados por acidente ocorrido no estrangeiro, cuja

---

harmonização deste contrato, vindo já da 1ªDSA, cf. A. Pire, cit., pág. 1. A 3ªDSA, portanto, ter-se-á limitado a adicionar o princípio do prémio único ao princípio da extensão territorial por toda a UE da 1ªDSA.

[68] Cf. art. 5°/1 e cons. 24 da Directiva. O Regulamento CE foi publicado no *JO* L 12, 16 Jan. 2001, tendo entretanto sofrido alterações. Para a sua aplicação à Dinamarca, cf. a Decisão do Conselho de 27 de Abril de 2006 *OJ* L 120E, de 5 de Mai. de 2006.

A 5ªDSA veio consagrar em sede de lei (embora nos considerandos) entendimento do TJCE. *Vide*, mais recentemente, o Ac. *FBTO Schadeverzekeringen NV*, de 13 Dez. 2007 (Processo C-463/06), com a particularidade de precisamente apelar ao trecho em questão da 5ªDSA.

[69] Porque a solução geral em matéria de responsabilidade civil extra-contratual é a da competência do tribunal do lugar onde ocorreu o facto danoso (art. 5°/3 do Regulamento

tutela é prosseguida pelo regime do Título III do DL 291/2007 (onde se encontra vertido o regime constante da 4ªDSA).

Distinga-se é esta matéria da da lei aplicável à RCA, cujo regime é o da aplicação da *lex loci delicti commissi*, pelo que o tribunal português competente nos termos daquela interpretação da conjugação dos arts. 11º/2 e 9º/1, *b*), do Regulamento (CE) 44/2001, terá de aplicar a lei da responsabilidade civil do Estado em cujo território tenha ocorrido o acidente[70].

§7. Alteração do regime de acesso aos autos-de-notícia de acidentes de viação elaborados por autoridades públicas

36. Depois de um percurso legislativo particularmente atribulado, a proposta do Parlamento Europeu no sentido da predisposição nacional de um sistema de acesso aos dados necessários à regularização dos sinistros automóvel que abrangesse todos os acidentes e todos os documentos, incluindo os autos de notícia das autoridades policiais e dos serviços de emergência médica,[71] resultou no art. 5º/4

CE 44/2001), regra que nos casos dos seguros de responsabilidade civil determina a previsão do art. 11º/3 do mesmo Regulamento CE. Fora do âmbito de aplicação do Regulamento CE a solução geral é devida nos termos do art. 65º/1, *c*), do CPC.

[No sentido do não alargamento de direito constituído da aplicação da solução especial em matéria de responsabilidade civil automóvel para lá desta, cf., *v.g.*, H. Heiss, comentário ao art. 11º do Regulamento (CE) 44/2001, in U. Magnus e P. Mankowski (Eds.), *European Commentaries on Private International Law – Brussels I Regulation*, 2007, Sellier. European Law Publ., pág. 286 ss.].

[70] Nos termos da Convenção de Haia de 4 de Maio de 1971 sobre a lei aplicável em matéria de acidentes da circulação rodoviária, cuja aplicação foi preservada pelo art. 28º do Regulamento CE nº 864/2007 do Parlamento Europeu e do Conselho, de 11 de Julho de 2007, relativo à lei aplicável às obrigações extra-contratuais ("Roma II"), aplicável a partir de 11 Jan. 2009 (art. 32º); cf. o texto da Convenção em www.hcch.net. Para os acidentes ocorridos fora do território dos países subscritores da Convenção (ainda que não ratificadores, cf. o princípio da não reciprocidade, no art. 11º da Convenção), a aplicação da *lex loci delicti* é devida nos termos do art. 45º/1 do CC.

[71] Resolução do PE de 22 Out. '03, propondo a adição de um art. 5º/4 e de um cons. 27 à proposta de directiva (*OJEU* C 82E, de 1 Abr. '04, págs. 270 e 297 ss.). Seguiu-se a Posição Comum CE 27/2004 do Conselho, de 26 Abr. '04 (*JOUE*, C 101E, de 27 Abr.'04, cf. pág. 71), e a Resolução do PE em 2ª leitura, de 12 Jan. '05 (*OJEU*, C 247E, de 6 Out. '05, págs. 28 e 78 ss.).

da 5ªDSA, introduzido já em fase finalíssima do processo de aprovação desta, mencionando apenas os "*dados de base necessários para a regularização dos sinistros*" (cujo conteúdo, no limite, pode apenas englobar os documentos privados relativos às participações de acidentes).

O legislador português optara já por disponibilizar com carácter geral a informação que a 4ªDSA obrigara a facultar tão-só aos lesados por acidentes ocorridos no estrangeiro e quando não residentes no território do Estado membro do acidente,[72] ao que depois se somou o conjunto de direitos relativos a informação constantes do 'Regime de regularização de sinistros' (DL 83/2006, de 3 Mai.), pelo que a intervenção legislativa de 2007 acabou por apenas incorporar no *corpus* central do sSORCA o que antes constava de diploma disperso (o DL 102/88, de 29 Mar.), e, bem assim, fomentar de forma mediata o apressamento da regularização dos sinistros, seja provendo ao envio automático de cópia do auto de notícia policial ao FGA e, tratando-se de acidente de que resulte dano corporal, às seguradoras envolvidas, seja consagrando em nível de lei o sistema de envio electrónico SCOT (respectivamente, n.ºs 5 e 3[73] e 4 do art. 78º do DL 291/2007[74]).

§8. Respigo de matérias menos significativas: cobertura de peões e ciclistas causadores do acidente; eliminação da franquia das indemnizações a pagar pelo FGA por acidente causado por veículo sem seguro; certificado de tarifação; e outro aspecto (remissão)

37. Nem todas as disposições da 5ªDSA importavam alteração do ordenamento jurídico português, por dele já constarem. Nos §§ precedentes referimos as mais relevantes da perspectiva da alteração deste ordenamento.

---

[72] Art. 46º/6 do DL 522/85, 31 Dez., aditado pelo DL 72-A/2003, 14 Abr.. Cf. o art. 4º/5 da 5ªDSA, e agora o n.º 1 do art. 77.º do DL 291/2007.

[73] O Sistema de Contra-Ordenações de Trânsito, cuja criação está prevista na al. c) do ponto 1.3. do cap. II da Resolução do Conselho de Ministros 44/2007, in *DR*, I, 55, de 19 Mar..

[74] O qual, naturalmente, não prejudica o regime do segredo de justiça, cf. art. 86º do CPP.

Embora menos significativas, parece-nos útil mencionar ainda o regime relativo à cobertura dos danos (materiais e corporais) de peões e ciclistas, e outros utilizadores não motorizados das estradas, não causadores do acidente, a eliminação da franquia relativa às indemnizações a pagar pelo FGA em caso de acidente causado por veículo sem seguro (portanto não manutenção no DL 291/2007 de disposição correspondente ao art. 21º/3 do DL 522/85, de 31 Dez.), e o regime do certificado de tarifação.

Cobertura de peões e ciclistas causadores do acidente (art. 11º/2 do DL 291/2007).

38. Com o intuito do incremento da protecção dos utilizadores não motorizados das estradas, a proposta de directiva apresentada pela Comissão Europeia previa a obrigatoriedade desta cobertura pelo seguro obrigatório, à semelhança do verificado nalgumas leis nacionais (como, p.e., as dinamarquesa, sueca, francesa e belga[75]).

---

[75] Os 3 primeiros casos são sistemas de ressarcimento das vítimas de acidentes de viação globalmente *no fault* (*i.e.*, independentes de culpa) que abrangem *todas* as vítimas, portanto também as vítimas culpadas. Casos também, p.e., da Polónia e, fora da UE, de diversos estados dos EUA, da Austrália, algumas províncias do Canadá e Israel [cf. H. de Rode, "Les assurances de responsabilité. Évolution et perspectives", *Mélanges offerts à Marcel Fontaine*, 2003, Bruxelles (Larcier), pág. 721].

No caso francês, o sistema de ressarcimento das vítimas da circulação automóvel (*Loi Badinter de 5 juillet 1985*) baseia-se na mera "implicação" de um veículo no acidente, sendo o pagamento da indemnização à vítima automóvel (mas não necessariamente o encargo final com a indemnização) independente da concreta existência de responsabilidade civil [ou de responsabilidade civil nos termos gerais], bastando para o efeito que o lesado prove a ocorrência de um acidente de viação e a implicação nele de um ou mais veículos terrestres a motor.

(Cf., por todos, Y. Lambert-Faivre e L. Leveneur, *Droit des Assurances*, 12e éd., 2005, Paris (Dalloz), págs. 565 ss. e, para o aspecto referido, págs. 603 ss.). Inserimos a modulação constante do parêntesis recto por modo a acomodar o entendimento segundo o qual a *Loi Badinter* instaurou antes "*un système de responsabilité originale propre à l'indemnisation de certaines victimes d'accidents de la circulation, apparenté à un régime de responsabilité objective* (...)", na expressão de Bernard Dubuisson, "La loi sur l'indemnisation automatique de certaines victimes d'accidents de la circulation ou l'art du "clair-obscur", in B. Dubuisson (dir.), *L'indemnisation automatique de certaines victimes d'accidents de la circulation*, 1995, Louvain-la-Neuve/Bruxelles (Academia/ Bruylant), pág. 9

Já no caso belga, pelo contrário, estaremos antes ante um aspecto de "indemnização automática", (ou de regulação *no fault*) pontual (o do *chapitre Vbis* da *loi 21 novembre 1989*, aditado pela *loi 30 mars 1994*, para protecção dos "*usagers faibles de la route*") em sistema

Tal cobertura obrigatória far-se-ia ainda que a lei civil o não previsse, ou, quando muito, levaria a uma alteração da lei civil nesse sentido.

A versão final do art. 4º/2 da 5ªDSA, todavia, acabou por fazer depender tal cobertura pelo seguro obrigatório de a lei aplicável ao sinistro admitir tal indemnização, o que no caso da *lex loci delicti commissi* ser a portuguesa determina a não cobertura de tais danos pelo seguro obrigatório [art. 505º CC e art. 11º/1, *a*), do DL 291/ 2007].

Se suceder que a *lex loci delicti commissi* aplicável ao sinistro da responsabilidade de segurado por apólice portuguesa (portanto apólice subscrita por segurado cujo veículo seguro tenha estacionamento habitual em Portugal) seja uma lei que preveja o ressarcimento do peão, ciclista ou outro utilizador não motorizado das estradas causador do sinistro, então a seguradora terá de proceder em conformidade[76].

Uma apólice portuguesa será chamada a regularizar sinistro ao qual seja aplicável lei da responsabilidade civil automóvel não portuguesa no caso dos acidentes causados pelo respectivo veículo seguro no estrangeiro[77].

---

ainda ancorado na responsabilidade civil geral (para o aspecto em questão, cf., p.e., cit. B. Dubuisson, págs. 9 ss., e H. de Rode, "Les limites du droit à indemnisation, catégories de victimes, faute inexcusable", *idem*, págs. 75 ss.). Para a alteração de 2001 deste aspecto da lei belga, cf. B. Dubuisson, La loi du 19 janvier 2001 modifiant le regime d'indemnisation des usagers faibles de la route. «Cent fois sur le métier ...», in P. Jadoul e B. Dubuisson, *L'indemnisation des usagers faibles de la route*, 2002, Bruxelles (Larcier), págs. 205 ss..

Cf. ainda a 2ª nota de rodapé ao ponto 18.2 do §18. *infra*.

Para o elenco dos sistemas ressarcitórios de RCA dos 27 Estados membros da UE da perspectiva do relevo da culpa, cf. o já cit. estudo produzido para o Parlamento Europeu, A. Renda e L. Schrefler, "Il risarcimento delle vittime di incidenti stradali internazionale nell'UE ...", cit..

[76] Valha a bem da verdade que esta solução decorre já do previsto no art. 11º/2, *b*), do DL 291/2007. Pelo que a redundância do nº 2 do mesmo artigo relativamente àquela disposição só pode ser explicada pelo zelo do legislador nacional na explicitação da transposição de um aspecto da 5ª DSA onde é esperável atenção acerada da parte da Comissão Europeia.

[77] Salvos os casos em que o acidente tenha ocorrido em território de Estado membro do EEE cuja lei nacional aplicável estabeleça uma cobertura inferior à estabelecida pela lei portuguesa correspondente, caso em que é devida é a aplicação desta [art. 11º/*b*), *fine*, que corresponde a regime comunitário]. Será p.e. o caso de uma lei nacional que preveja uma exclusão de cobertura não prevista na lei portuguesa (cf. o art. 14º).

39. Como refere a 1ª parte do ponto V. do DCP 1/2007, relativamente ao texto do DL 522/85,

"*A 1ª parte da al. b) do art. 5º do DL 522/85 [concretamente o trecho até "(...) onde ocorrer o acidente (...)"] obriga a que, relativamente aos acidentes causados pelo respectivo segurado no território da UE (i.e., do EEE), a cobertura fornecida pelo SORCA português seja a prevista na lei aplicável aos acidentes ocorridos nesses territórios - e que na generalidade dos casos será a lei do local do acidente.*

"*Ou seja, a garantia fornecida pelo SORCA português é a da lei espanhola relativamente aos acidentes causados pelo respectivo segurado em Espanha, a da lei francesa relativamente aos acidentes causados pelo respectivo segurado em França, a da lei alemã relativamente aos acidentes causados pelo respectivo segurado na Alemanha, a da lei lituana relativamente aos acidentes causados pelo respectivo segurado na Lituânia, e assim por diante, à medida que o veículo respectivo vai avançando nos territórios dos países que constituem o EEE. Daí que se fale, a propósito, em "garantia flutuante", ou "garantia harmónio".*

"*A 2ª parte da mesma al. b) do art. 5º do DL 522/85 [que transpõe a parte final do 2º trav. do art. 2º da Directiva 90/232/CEE do Conselho, 14 Mai. 1990 (3ª Directiva do Seguro Automóvel)] introduz uma protecção adicional: obriga a que a garantia fornecida pelo SORCA português relativamente aos acidentes causados pelo respectivo segurado em Espanha seja a da lei espanhola, pois sim, mas só se a lei portuguesa (i.e., a lei onde o veículo tem o seu EH) não garantir ao lesado uma protecção superior à garantida pela lei espanhola. Pois que se a lei portuguesa for mais protectora, então a apólice portuguesa garante a protecção prevista na lei portuguesa.*

"*Decerto que a lei portuguesa será menos protectora do lesado por acidente de viação do que a lei espanhola. Mas provavelmente o mesmo já não ocorrerá se a lei a comparar for a lei lituana.*"

Eliminação da franquia das indemnizações a pagar pelo FGA por acidente causado por veículo sem seguro

40. Esta eliminação teve um intuito de incremento da protecção dos terceiros lesados, completando, por assim dizer, a inoponibilidade aos mesmos das franquias previstas nos contratos de SORCA.[78]

---

[78] A inoponibilidade transitou do art. 10º/2 do DL 522/85 para o art. 16º/2 do DL 291/2007, tendo sido tornada obrigatória pelo art. 4º/4 da 5ª DSA, na parte em que aditou um art. 4ºC à 3ª DSA. A ora eliminada franquia constava do art. 21º/3 do DL 522/85 – e a

O legislador nacional não previu, ainda, a franquia admitida pela lei comunitária para os pagamentos efectuados pelo FGA a título de ressarcimento de dano material causado por veículo não identificado – aliás a única franquia cuja admissão é enunciada pela lei comunitária,[79] decerto por forma a possibilitar a atenuação, por esta via, do provável impacto económico que a extensão da responsabilidade do FGA ao ressarcimento destes danos virá a importar.

Certificado de tarifação
41. O regime do art. 20º do DL 291/2007[80], substituindo o anterior regime, de origem regulamentar (nº 5 do art. 20º da Apólice Uniforme do SORCA), veio basicamente evoluir, de um regime de emissão automática na não renovação ou resolução do contrato, para um regime em que a emissão é a pedido do tomador do seguro, efectuável a todo o tempo, e automática apenas no caso de não renovação ou resolução da iniciativa da seguradora.

Entretanto, um irritante lapso na parte final do corpo do nº 1 do art. 20º do DL 291/2007 (no lugar do " , *ou à*" constante das versões do projecto de diploma sujeita a consulta pública surgiu finalmente um "*ou, na*") veio sugerir uma espécie de obrigação de emissão automática quinquenal ..., que de todo consta do intuito do legislador comunitário (e também do nacional que transparece dos procedimentos de consulta pública).

---

proibição comunitária decorre da conjugação do art. 1º/6 da 2ª DSA na redacção do art. 2º da 5ª DSA com o considerando 13 desta última (cf. também o § 5º do art. 1º/4 da 2ª DSA, na redacção original).

[79] O que, naturalmente, é distinto de ser a única franquia admitida pela lei comunitária. Na verdade, parece-nos que não violará a legalidade comunitária a previsão nacional de franquia para os pagamentos que o FGA deva efectuar nos termos de lei nacional que vá além da harmonização mínima comunitária relativa ao âmbito da obrigação ressarcitória do FGA. Naquilo a que a lei CE não obriga, pode o legislador nacional socorrer-se da previsão de franquia. Teria sido, p.e., o caso da previsão pelo legislador português de franquia para os pagamentos que o FGA deva efectuar nos termos da 2ª parte do art. 49º/1, *c*) (danos materiais causados por responsável desconhecido, tendo o veículo causador sido abandonado no local do acidente na concorrência de determinadas condições).

[80] Transpondo o art. 4ºB aditado à 3ªDSA pelo art. 4º/4 da 5ªDSA. Naturalmente que o impacto desta disposição será bem mais relevante nos casos dos ordenamentos dos Estados membros que desconheciam qualquer obrigação de emissão.

Mais relevante, nesta sede, é a não permanência no Regime Jurídico do Contrato de Seguro (aprovado pelo DL 72/2008, de 16 Abr.) de disposições correspondentes à previsão hoje constante do nº 2 do art. 24º do DL 176/95, de 26 Jul..

Já o princípio do rigor da delimitação dos sinistros relevantes para o agravamento e bonificação por sinistralidade, constante desse nº 1 do art. 24º, foi erguido a regime geral dos seguros de responsabilidade civil pelo art. 143º daquele Regime[81].

Ora, dada a forma prática como o mecanismo da suspensão do bónus durante 2 anos, prevista no nº 2 desse art. 24º, concretiza os valores da razoabilidade, proporcionalidade e justiça (subjacentes ao mecanismo do *bonus/malus*) ao facto da contingencialidade da provisão (a qual pode sempre vir a revelar-se desnecessária), é de ter como provável que as seguradoras não venham a abandonar liminarmente a sua prática depois de revogada aquela disposição legal

Outro aspecto
42. Cf. ainda o aspecto mencionado no ponto 49. *infra*, onde a 5ªDSA concede relevante margem de decisão ao legislador nacional.

II. ALTERAÇÕES EXTRA TRANSPOSIÇÃO DA DIRECTIVA

a) *Ao nível do funcionamento material do SO (i.e., do âmbito e termos da cobertura)*

43. Como referido no decurso do processo legislativo do DL 291/2007,
"*A revisão da matéria relevando especificamente da regulação do contrato de seguro (concretamente constante do cap. II do tít. I do DL 522/85) não constou do âmbito de intervenção seleccionado pelo legislador do presente proj. diploma, por forma a, face à escassez dos recursos disponibilizáveis para o presente processo legislativo, garantir a qualidade da transposição da Directiva e das demais alterações legislativas e o cumprimento do prazo de transposição.*

---

[81] Desde logo fluiria, aliás, da confluência do princípio geral da adequação e proporcionalidade dos prémios ao risco a cobrir pelo segurador (nº 2 do art. 52º do Regime) com o todo do Regime das Cláusulas Contratuais Gerais.

"Outras occasio legislativas em sede de regulação do sSORCA são divisáveis já a prazo que se poderá considerar médio ou curto (é o caso, por exemplo, da avaliação da aplicação do regime de regularização de sinistros previsto no DL 83/2006, 3 Mai., a efectuar até 31 Ago. 2009, cf. seja art. 6º respectivo, seja o início do art. 6º da parte preambular do proj. diploma).

"Mas tal orientação de fundo – de não efectuar nesta ocasião uma revisão geral do regime do contrato de seguro previsto no diploma do sSORCA – não impediu que ora se procedesse a rectificações tornadas imprescindíveis por evolução legislativa paralela (caso, v.g., do regime das indemnizações em forma de renda ou do regime de prova do contrato relativamente a veículos com estacionamento habitual em país cujo SNS tenha aderido ao Acordo de Rethymno) ou em aspectos de menor dificuldade (caso, v.g., do regime relativo ao interface entre a contratação do seguro obrigatório e as inspecções periódicas obrigatórias)."[82]

44. De entre os aspectos do regime especial do contrato de seguro de RCA que todavia foram objecto de alteração mencionaremos, como mais relevantes, alguns aprimoramentos em matéria de delimitação do respectivo âmbito genérico, âmbito especial do seguro de garagista, *interface* do contrato com as inspecções periódicas obrigatórias, direito de regresso do segurador em caso de condução sob o efeito do álcool, e alterações em sede de regime da regularização de sinistros, designadamente o regime da perda total.

§9. Regime do âmbito de cobertura

45. O regime do SORCA destina-se à protecção das vítimas da circulação automóvel, no limite, por forma ao fomento da circulação automóvel como meio não só de benefício dos cidadãos mas também de fomento do desenvolvimento económico. O DL 291/2007 acentua a ideia de que o regime desse seguro se baseia em 2 mecanismos complementares, 2 *"pilares do sistema (o pilar-seguro obrigatório e o pilar-FGA)"*, cada um deles constan-do de uma estrutura jurídica e

---

[82] Ponto 3.0. do cap. II do DCP 1/2007.

uma estrutura institucional, aliás densa,[83] e cuja conjugação permite nomear o todo como o *"sistema do SORCA"*.[84]

Por forma a garantir a actuação do sistema apenas para a regularização dos sinistros causados no âmbito do risco que justifica a obrigação de seguro, e que é o **risco dos danos provenientes dos riscos próprios do veículo terrestre a motor resultantes da sua função-veículo-de-locomoção/transporte**, o art. 4º veio excluir, seja os acidentes causados por veículos para cuja condução não seja necessário um título específico (caso, *v.g.*, das cadeiras de rodas), seja os acidentes causados nas *"situações em que os veículos são utilizados em funções meramente agrícolas ou industriais."* (respectivamente, n°s 1 e 4).

46. Pelo que estarão abrangidos, p.e., os acidentes causados pela queda de carga transportada por um veículo para fornecimento de fábrica ou estabelecimento agrícola.

No caso, p.e., de um acidente causado por uma ceifeira-debulhadora:
    a) se o mesmo se regista estando o veículo em locomoção:
        a') devendo-se a locomoção à circulação da máquina na via pública – deve o lesado ser ressarcido nos termos do sSORCA;
        a") devendo-se a locomoção à operação de ceifa-debulha em terreno agrícola – deve o lesado ser ressarcido nos termos de outro sistema de protecção de lesados de responsabilidade civil, *maxime* ao abrigo de apólice de responsabilidade civil de exploração agro-industrial;[85]
    b) se o mesmo se regista estando o veículo parado:
        b') se na via pública (local alheio à sua função-agrícola) – deve o lesado ser ressarcido nos termos do sSORCA;
        b") se em terreno agrícola – deve o lesado ser ressarcido nos termos de outro sistema de protecção de lesados de responsabilidade civil, *maxime* ao abrigo de apólice de responsabilidade civil de exploração agro-industrial.

---

[83] E com uma muito relevante componente legislativa internacional, seja comunitária, seja de origem convencional clássica (o chamado "sistema Carta Verde", oriundo da ONU).

[84] Cf., p.e., art. 1º e cons. 3 do DL 291/2007, bem como o art. 9º-A/5 do DL 142/2000, 15 Jul., na red. do art. 2º daquele DL.

[85] Mas se a locomoção em terreno agrícola se dever, não à operação de ceifa-debulha, mas ao transporte (de alguém ou algo) alheio à ceifa-debulha, deve então o acidente ter-se por coberto, por relevar da função-locomoção, embora em local onde em princípio relevará a função-agrícola/industrial.

47. A obrigação de seguro de RCA é uma opção reguladora de enormes consequências jurídico-institucionais e ligada a um fim delimitado. Só o constar da situação concreta do âmbito desse fim justifica a sua inclusão no âmbito de actuação do sistema de protecção de lesados regulado pelo DL 291/2007.

Coerente com esta linha de entendimento parece-nos ser, portanto, igualmente, a exclusão do âmbito da cobertura do seguro *obrigatório* do dano causado pelo uso do veículo sujeito ao SORCA estritamente enquanto arma de um crime.[86/87]

---

[86] Subscrevendo-se, portanto, o entendimento do Ac. do STJ de 13 Mar. '07 (Borges Soeiro), 07A197, *CJ* I-2007 (STJ), p. 108. Contra, J. C. Moitinho de Almeida, *Seguro obrigatório automóvel: o direito português face à jurisprudência do Tribunal de Justiça das Comunidades Europeias*, págs. 16 e 17, alocução proferida no Colóquio "Jurisprudência do Tribunal de Justiça da Comunidade Europeia no domínio do Seguro Obrigatório Automóvel, seu impacto no regime de Responsabilidade Civil e no Direito dos Seguros em Portugal", Lisboa, 15 Out. 2007, posteriormente publicada na *Revista do CEJ*, 2º semestre 2007, nº 7, págs. 55 ss..

[87] Dão conta da delicadeza de alguns escolhos que o legislador houve que evitar nesta sede os pontos 1. do cap. II. do DCP 1/2007 e 2. e 3. do cap. II do DPRCP 1/2007.

Respigo de direito comparado em sentido semelhante ao ora explicitado pelo legislador português (a cobertura pelo SORCA em ESP e FRA depende de o acidente de viação de base ser, respectivamente, um *"hecho de la circulación"* ou *"fait de la circulation"*):

a) *exclusão expressa dos acidentes causados concretamente por cadeiras de rodas* (embora a formulação da lei portuguesa não se limite a estes veículos): as leis BÉL e ESP (respectivamente, art. 29bis, § 3, da *loi du 21 novembre 1989*, e art. 2/2, 2º parágrafo, do *Real Decreto 7/2001, de 12 enero*;

b) *exclusão dos acidentes causados por veículos terrestres a motor em uso de função meramente agrícola ou industrial*: as leis BÉL, ESP e FRA - na BÉL é conclusão extraída pela jurisprudência do requisito de participação na circulação da parte do veículo objecto do SO (art. 2, §1er, 1, al. 1, *loi* cit.), cf., p.e., P. Colle, *Les Contrats d'Assurance Réglementés*, Bruxelles (Bruylant), 1998, pág. 127, aliás referindo jurisp. da *Cour Cassation* francesa, "*C'est également* [reportando-se ao "*L'obligation d'assurance ne s'applique donc pas* (...)"] *le cas d'un véhicule qui est utilisé comme instrument de travail et non comme moyen de transport de personnes ou de choses.*"; ESP: art. 3/1 e 2, 2º parágrafo, do referido *Real Decreto* (v., com muita informação, L. F. Reglero Campos, cit., págs. 190 ss.); FRA: situação semelhante à belga, a qual, aliás, se inspirou na francesa, cf., v.g., Y. Lambert-Faivre, cit., págs. 566 e 567, e A. Favre-Rochex e G. Courtieu, Le *Droit des Assurances Obligatoires*, 2000, Paris (L.G.D.J.), pág. 69;

c) *exclusão dos acidentes causados pelo veículo usado como arma de crime*: ESP e FRA – respectivamente art. 1/4, 2ª parte, do *R.D.L.* cit., e, p.e., J. Landel, *Manuel de l'Assurance Automobile*, cit., pág. 257-258, sintetizando a orientação

48. Além disto, há a anotar em sede de alterações trazidas pelo DL 291/2007 à **delimitação do âmbito de aplicação do SORCA, o tratamento dado aos veículos de caminhos de ferro (art. 4º/2 e 3)**.

O princípio continua a ser o da isenção da obrigação de seguro dos responsáveis pela sua circulação. A excepção continua a ser o caso dos carros eléctricos circulando sobre carris,[88] e passa agora também a ser – extensão que se julga relevante do âmbito de aplicação do sistema de protecção baseado no SORCA – o caso da responsabilidade por acidentes ocorridos na intersecção dos carris com a via pública; tendo também o legislador clarificado que os veículos ao serviço dos sistemas de Metro seguem o regime dos veículos de caminhos de ferro, que não o dos carros eléctricos circulando sobre carris.[89]

49. Em matéria de exclusão do sSORCA, a opção do legislador nacional relativa à garantia do ressarcimento dos danos causados por veículos *isentos* da obrigação de seguro (garantia imposta pela 5ªDSA[88]) resultou na criação de 2 géneros de exclusões – a exclusão *total* do sSORCA (= exclusão da obrigação de seguro *e* da obrigação de cobertura pelo FGA dos danos causados), aplicável em geral aos veículos dos caminhos de ferro, e a exclusão *parcial* do sistema do SORCA (= exclusão do 1º pilar do sistema, mas inclusão no 2º pilar do mesmo), aplicável basicamente às **máquinas agrícolas não sujeitas a matrícula**.[91]

---

jurisprudencial consagrada, *"L'agression volontaire commise à l'aide d'un véhicule terrestre à moteur n'est pas un acident."*; *v.* também A. Favre-Rochex e G. Courtieu, cit., pág. 70. Em ESP a questão insere-se em magma jurisprudencial (extensamente detalhada por L. F. Reglero Campos, cit., págs. 172 ss.), não inteiramente frenada pela intervenção legislativa de 2000 (a que começou por se aludir na presente alínea), segundo, p.e., J. Bataller Grau, N. Latorre Chiner e J. Olavarría Iglesia, *Derecho de los Seguros Privados*, 2007, Madrid (Marcial Pons), págs. 286 e 287, e F. Arnau Moya, "El contrato de seguro y los daños causados dolosamente. El fin de la polémica?", *Revista Española de Seguros*, 2005 (Jul.-Dic.), nºs 123-124, vol. I (nºs dedicados à publicação dos trabalhos do Congresso "La Ley de Contrato de Seguro, 25 años después"), págs. 571 ss..

[88] A sua localização no ora art. 4º/2, à cabeça do regime, parece mais adequada do que no art. 30º/7 do DL 522/85.

[89] Cf. os pontos 4. e 5. do cap. II do DPRCP 1/2007.

[90] Cf. respectivo art. 1º/3, *b*).

[91] Distinção resultante da conjugação do nº 2 em referência com o art. 48º/1, corpo (mormente o inciso "acidentes rodoviários"), e *c*), do DL 291/2007.

50. Em síntese: a organização do regime do DL 291/2007, da perspectiva da extensão da integração dos veículos terrestres a motor no sSORCA, conhece 4 categorias de veícu-los [por conjugação dos arts. 4º/1 a 3, 9º e 48º/1, c)]:
1) *veículos não sujeitos à obrigação de seguro*: veículos para cuja condução não seja necessário um título específico (p.e., *skates*[92] e cadeiras de rodas);
2) *veículos sujeitos à obrigação de seguro, mas dela isentos, e cuja responsabilidade civil automóvel não determina a actuação ressarcitória do FGA*
, seja por a isenção da obrigação de seguro ser em razão das pessoas dos responsáveis pela sua circulação: veículos de Estados estrangeiros, das organizações internacionais de que seja membro o Estado Português, e, bem assim, o Estado Português nos termos previsto no nº 2 do art. 9º;
, seja veículos de caminhos de ferro, que não sejam "eléctricos circulando sobre carris", quanto aos riscos de acidentes "não rodoviários";
3) *veículos sujeitos à obrigação de seguro, mas dela isentos, e cuja responsabilidade civil automóvel pode determinar a actuação ressarcitória do FGA*: máquinas agrícolas não sujeitas a matrícula e veículos de caminhos de ferro, que não sejam "eléctricos circulando sobre carris", quanto aos riscos de acidentes rodoviários – esta cate-goria está excluída do 1º pilar do sSORCA (pilar do SO), mas incluída no 2º pilar (pilar do FGA);
4) *veículos sujeitos à obrigação de seguro, e dela não isentos*: todos os demais, incluindo os veículos de caminhos de ferro que são carros eléctricos circulando sobre carris e os veículos de caminhos de ferro, que não sejam "eléctricos circulando sobre carris", quanto à responsabilidade por acidentes ocorridos na intersecção dos carris com a via pública – esta categoria está incluída em ambos os pilares do sSORCA;

---

[92] Que, claro, integrem a categoria de veículos *a motor*.

') caberá à aplicação da lei determinar se os acidentes rodoviários causados por veículos de caminhos de ferro são só os "ocorridos na intersecção dos carris com a via pública"[93];

'') os veículos dos sistemas de Metro, como se disse, seguindo o regime dos veículos de caminhos de ferro que não sejam "eléctricos circulando sobre carris", integram-se nas 3 últimas categorias (ou nas 2 últimas, caso deveras se conclua no sentido cuja hipótese foi formulada no ' imediatamente *supra*).

51. Exclusão dos **danos ocasionados em terceiros pela ocorrência de danos corporais no condutor causador** ("danos indirectos", art. 14º/1, *fine*, DL 291/2007[94]): defendendo-se, no âmbito dos procedimentos de consulta pública do projecto do que viria a ser o DL 291/2007, que "(...) *a letra da lei seja clara no sentido de incluir na exclusão dos "danos corporais sofridos pelo condutor do veículo seguro" (...) também os danos causados a terceiros (designadamente o cônjuge e os descendentes) pela simples ocorrência daqueles danos.*", ainda que referindo a existência de jurisprudência em sentido distinto, conclui a respectiva apreciação "*Parece-nos razoável, salvo letra da lei expressamente em contrário, que o destino (quanto à sua cobertura ou não pelo SORCA) dos danos indirectos em causa seja o mesmo dos danos directos respectivos com base em um mero argumento lógico.*[95]

Coisa distinta é o legislador optar por não excluir da cobertura do seguro os danos corporais do condutor causador do acidente não doloso, como sucede p.e. na Bélgica. Ante uma opção de fundo como a belga, em coerência com o que se reconheceu no parágrafo anterior, deve reconhecer-se que nela

---

[93] Se se tratar deveras de uma só categoria de acidentes, deve então ser eliminada a menção dos veículos de caminhos de ferro na categoria 2), cabendo então nomeá-la como "veículos sujeitos à obrigação de seguro, mas dela isentos em razão das pessoas dos responsáveis pela sua circulação".

[94] Cf. concretamente os danos previstos genericamente nos arts. 495º/2 e 3 e 496º/2 CC.

[95] "*Em Espanha a exclusão deste género de danos decorre, segundo alguma doutrina, de uma mera "exégesis lógica y finalista de la disposición legal [i.e., da disposição legal que exclui os danos corporais do condutor]", o que terá levado o legislador de nível regulamentar a precisar nesse sentido a previsão de nível de lei semelhante à portuguesa: "Están excluidos de la cobertura del seguro de suscripción obligatoria (...): a) Todos los daños y perjuicios ocasionados por las lesiones o fallecimiento del conductor del vehículo causante del siniestro.*", cf. *L. de Angulo Rodríguez e J. Camacho de los Ríos, Comentario al reglamento sobre responsabilidad civil y seguro en la circulación de vehículos a motor (Aprobado por RD 7/2001, de 12 enero), Barcelona, 2001, pág. 180.*"

está logicamente implicada a cobertura dos danos de certos terceiros ocasionados pela ocorrência de danos corporais no condutor causador."[96]

52. Além dos aspectos mencionados, e embora não importando rigorosamente alteração do regime aplicável, em matéria de âmbito de aplicação do sSORCA há ainda a mencionar a substituição da "matrícula" por "**estacionamento habitual do veículo**" como critério nomeado pela lei nacional para a delimitação dos veículos obrigados ao SO, bem como de "CE" por "**EEE**" para a delimitação geográfica daquele âmbito.

A substituição do *nomen* "matrícula" pelo "estacionamento habitual"[97] era aconselhada: pelo facto de ser o critério rigorosamente empregue pela lei comunitária,[98] e portanto o que permite enunciar o todo do regime de forma mais clara, designadamente mencionando de forma expressa o regime dos veículos não sujeitos a matrícula ou a placa identificativa semelhante.

A opção pela nomeação directa do âmbito EEE do regime de fonte comunitária, para além de, novamente, mais rigorosa, parece particularmente adequada (da perspectiva da fluência da sua percepção pelo aplicador) ao enunciado de regime de fortíssima componente transfronteiras, como é o do sSORCA, parecendo claramente preferível à mesma solução via-DL 135/99, 20 Mai..

---

[96] Ponto II. 3. 1. DCP 1/2007.

[97] Basicamente irrelevante, como se disse, porque na esmagadora maioria dos casos o estacionamento habitual de um veículo é dado pela sua matrícula (o veículo considera-se com estacionamento habitual no país da matrícula), e nos casos dos veículos não sujeitos a matrícula a omissão (pelo DL 522/85) do critério de determinação do estacionamento habitual haveria de ser suprida pelo regime não expressamente nomeado na lei nacional, mas cuja aplicação era igualmente devida – concretamente o dos 2° e 3° travs. do art. 1°/4 da 1ªDSA, agora reflectidos nas sub-als. *ii*) e *iii*) do art. 3°/1 do DL 291/2007.

[98] Art. 1°/4, 1° trav., 1ªDSA, aliás alterado pela 2ªDSA.

§10. Danos causados por veículo à guarda de garagista: sua cobertura por seguro, seja o do garagista ainda que em razão de uso alheio ao âmbito profissional do garagista, seja o do proprietário quando não exista seguro do garagista

53. Antes do enunciado devido ao presente sub-título, e porque julgamos ser matéria objecto recorrente de dúvida na prática, supomos ser útil recordar a natureza de SORCA do seguro de garagista, cuja previsão legal específica (regime material) se espraia pelos art. 6º/3, 7º e 27º/1, *f*) e *g*), do DL 291/2007.

Trata-se de uma sub-modalidade do SORCA, portanto sujeito ao regime geral do SORCA em tudo o que a lei especial não preveja.

Está portanto abrangido, entre os demais aspectos do regime geral, p.e., pelo âmbito (material e territorial e as exclusões) e o capital mínimo do SO.[99]

Mas o documento comprovativo específico-base é já o certificado de responsabilidade civil (art. 29º/6 do DL 291/2007), dada a insusceptibilidade *in se* da CV (que obedece a um figurino fixo, internacionalmente ditado, de onde consta a identificação da matrícula do veículo a que se reporta o seguro) proceder à identificação do universo indeterminado de veículos cuja utilização pode susceptibilizar a responsabilidade civil automóvel do garagista.[100]

E relativamente à questão de saber da possibilidade do seguro de garagista subscrito por entidade que habitualmente exerça a actividade de compra e venda de veículos poder incluir os veículos por esta adquiridos para venda,

---

[99] Entendimento diverso, para lá de contrário à lei – pois que seria admitir que, no âmbito de um seguro densamente regulado, o legislador previu uma categoria especial aberta à derrogação do regime geral por meio da autonomia da vontade –, estaria também contra a opção do legislador de, em caso de pluralidade de seguros (art. 23º do DL 291/2007, como antes o art. 15º do DL 522/85), dar prevalência a este seguro (seria dar prevalência a uma categoria de seguro potencialmente diminuível, ou mesmo diminuída – e portanto prejudicando a capacidade protectora do seguro de responsabilidade civil automóvel nesses casos).

Acentuando que o propósito de aperfeiçoamento do regime do DL 408/79, 25 Set., trazido pelo DL 522/85 se traduziu, justamente, de forma mais significativa, "(...) *no facto de o seguro obrigatório de responsabilidade por danos de circulação automóvel ter passado a abranger mais duas categorias de lesados: as pessoas transportadas no veículo seguro* (...) *e as vítimas da circulação automóvel no âmbito das actividades profissionais referidas no art. 2º, nº 2, do próprio DL 522/85* [o correspondente ao art. 6º/3 do DL 291/2007].", cf., p.e., Ac. STJ 03A1283 (Nuno Cameira), de 27 Mai. '03, que citámos, e Ac. TRC 3359/05 (Helder Roque), de 29 Nov. '05.

[100] Ajuda porventura a suscitar a dúvida a omissão da menção do certificado de responsabilidade civil na versão da AUSORCA formalmente em vigor [concretamente na al. *a*) do art. 20º da AU aprovada pela NoISP 17/2000-R, 21 Dez. 2000, publicada no *DR*, II, 16, 19 Jan. 2001, sob a designação "Regulamento interno 2/2001"].

designadamente nos termos conjugados dos regimes do Código do Imposto sobre Veículos, aprovado pela Lei 22-A/2007, de 29 Jun., e do sistema de Registo da Propriedade Automóvel, na red. DL's 54 e 55/75, ambos de 12 Fev., pelo DL 20/2008, de 31 Jan., não vemos impedimento para tal no ordenamento jurídico segurador, concretamente no DL 291/2007.

Nomeadamente não há impedimento para o tratamento mais ou menos autónomo, no perímetro de um só contrato de seguro de garagista, de tais veículos no universo total dos veículos dessa entidade. Ponto é que, nos termos do previsto no n° 8 do art. 80° do DL 291/2007, a entrega do veículo por aquela entidade ao posterior adquirente seja efectuada só após a subscrição de novo seguro obrigatório, sob pena, designadamente, do previsto no n° 4, *fine*, do art. 54° do mesmo (cf. § 20. *infra*).

54. Retornando ao objecto específico do presente trabalho: como se começou por dizer[101], entre as intenções predominantes subjacentes às alterações extra-transposição da 5ªDSA trazidas pela intervenção legislativa de 2007 conta-se a do aligeiramento dos encargos do FGA que em rigor não relevem do seu carácter de "último recurso para o ressarcimento das vítimas da circulação automóvel". A ideia é que o FGA intervenha para o ressarcimento apenas quando não haja meio alternativo para o efeito (cf. em especial §§ 17. ss. *infra*).

55. Nos casos da existência de pluralidade de contratos de seguro (art. 23° do DL 291/2007), tal desoneração do FGA foi prosseguida pela extensão explícita do âmbito da cobertura obrigatória do chamado seguro de garagista, que passa a abranger os casos de, estando o veículo à guarda deste, responsabilidade civil automóvel resultante de acidente causado pelo uso ilegítimo do veículo, seja por crime (n° 2, 1ª parte), seja por risco do veículo alheio à sua utilização no âmbito profissional do garagista (n° 1)[102], assim como os casos de responsabilidade objectiva (por "danos provenientes dos riscos próprios do veículo", segundo a fórmula do CC subjacente à parte final do n° 2).

---

[101] Ponto 5. *supra*.

[102] É basicamente o caso da condução do veículo pelo garagista, ou um seu agente, para fins pessoais.

Alguma jurisprudência, de dimensão larga, senão mesmo predominante, ia no sentido de excluir tais casos do âmbito do seguro de garagista – pois que, em leitura rigorista, seriam alheios ao uso do veículo no quadro da actividade *profissional* do garagista[103] –, cabendo então convocar a actuação, seja (orientação jurisprudencial que se julga predominante) do seguro do proprietário do veículo[104], seja do FGA[105/106].

---

[103] Cf., lapidarmente, Acs. TRC 928/1999.C1 (Ferreira de Barros), de 15 Mai. '07, e 907/05 (Monteiro Casimiro), de 13 Jul. '05, e o recorrentemente citado Ac. TRP de 17 Abr. 1991 (*CJ*, '91-II, p. 297 ss.), e ainda, p.e., Acs. STJ 07A1991 (João Camilo), de 5 Jul. '07, 03B3904 (Luís Fonseca), de 15 Jan. '04, 03A1283 (Nuno Cameira), de 27 Mai.'03, e também Acs. TRC 30/2000.C1 (Artur Dias), de 10 Out. '06, 3359/05 (Helder Roque), de 29 Nov. '05, e 2901/03 (Coelho de Matos), de 20 Jan. '04. No sentido da predominância aludida no texto, E. Heitor Consciência, *Sobre acidentes de viação e seguro automóvel – Leis, doutrina e jurisprudência*, 3ª ed., 2005, Coimbra (Almedina), pág. 224.

[104] Por o garagista (e respectivos agentes) ter adquirido a qualidade de condutor do veículo autorizado pelo proprietário – p.e., para efectivação da sua reparação –, havendo acórdãos que vão mesmo ao ponto de invocar a propósito a figura da comissão [cf., quanto a esta última qualificação, todavia, por todos, L. M. T. Menezes Leitão, *Direito das Obrigações, Vol. I*, 5ª ed., Coimbra (Almedina), 2006, págs. 362 e 363]; podendo então depois suscitar-se a cobertura da responsabilidade civil em caso de furto, roubo ou furto de uso de veículo pelo contrato do proprietário (art. 8º do DL 522/85).

Neste sentido, cf., p.e., os Acs. TRP 9620916 (Pelayo Gonçalves), de 29 Abr. '97, e 9210737 (Gonçalves Vilar), de 20 Abr. '93, Acs. TRC 1505/04.OTACBR.C1 (Ataíde das Neves), de 11 Jul. '07, 3359/05 (Hélder Roque), de 29 Nov. '05, e 2901/03 (Coelho de Matos), de 20 Jan. '04, e também Américo Marcelino, *Acidentes de viação e responsabilidade civil*, 7ª ed., 2005, Lisboa (Petrony), págs. 561-563.

Casos distintos – de aplicação directa do seguro do proprietário, não, portanto, subsidiária – é o da condução do veículo pelo garagista extra-contrato mas no âmbito de autorização específica nesse sentido pelo proprietário, seja para fins pessoais do garagista [Ac. STJ 07B1707 (Gil Roque), de 28 Jun. '07], seja para devolução do veículo ao proprietário após a sua reparação [nos casos em que decorra do contrato de reparação que a condução do veículo já reparado até à esfera física do proprietário não está compreendida nas incumbências do garagista, Ac. STJ 06A1274 (Sebastião Póvoas), de 18 Mai. '06].

[105] Por inexistência *in casu* de seguro válido ou eficaz (art. 21º/2 do DL 522/85).

Neste sentido, p.e., Ac. STJ 042817 (Sá Nogueira), de 21 Out. '92, e o já por mais de uma vez cit., Ac. TRC 3359/05 (Helder Roque), de 29 Nov. '05, assim como os Acs. cits. por E. H. Consciência, cit., págs. 104 e 169, TRP de 6 Fev. '91 (*CJ*, XVI-I-265) e TRL de 14 Jul. '99 (*CJ*, XXIV-IV-143).

[106] Situação de paralela (que não semelhante) dúvida jurídica era a italiana pelo menos até recentemente, onde em função de um SORCA do garagista com exclusão da RC decorrente do uso do veículo para fins pessoais do garagista a jurisprudência penal dizia que em tal caso seria aplicável o regime dos veículos sem seguro, e a jurisprudência civil dizia que a exclusão não poderia ser oposta a terceiros lesados [G. Giannini, F. Martini, M. Rodolfi, *L'assicurazione obbligatoria dei veicoli e dei natanti*, Seconda ed., 2003, Milano (Giuffrè), págs. 15 e 16].

56. No caso concretamente da pluralidade de seguros, esta oneração do seguro do garagista, poupando o seguro do proprietário, ter-se-á devido ao entendimento de que, nesses casos, é mais justo o agravamento do prémio do seguro do garagista do que o do seguro do proprietário.

Juízo que, bem vistas as coisas, mais que de justiça relativa, para o legislador de 2007 terá relevado de justiça em absoluto, donde a sua consagração em termos absolutos, exactamente no art. 7º (e não apenas em caso de pluralidade de seguros).

57. O que veio aproximar a lei portuguesa, p.e., da lei francesa, em detrimento, p.e., da belga, sendo que, aliás, no caso belga à desoneração do seguro de garagista da responsabilidade pelos danos causados pela utilização do veículo à sua guarda fora das suas exigências *profissionais* soma-se a exclusão *geral* da responsabilidade civil automóvel resultante da utilização do veículo que tenha sido objecto de "*vol ou violence ou par suite de recel* [receptação]" (caso o segurador consiga provar que o causador do dano foi o ladrão ou ou o receptador, não sendo portanto desconhecido)[107] – o que torna o regime belga bem menos oneroso para o segurado-proprietário do veículo do que o português pretérito (segundo o entendimento jurisprudencial que acima se deu por predominante).

58. A solução do chamamento prioritário do seguro do proprietário do veículo relativamente ao do FGA foi, em coerência, também

---

[107] Também relativamente a este aspecto a lei francesa aproxima-se da portuguesa – prevendo a cobertura em geral pelo SO da responsabilidade civil automóvel causada pelo veículo em situação de furto, roubo ou furto de uso de veículo (art. L. 211-1 *C.A.*, 2º §, *fine*); já a inclusão na cobertura do seguro de garagista dos danos causados por este com o uso *pessoal* do veículo à sua guarda (agora consagrada pelo DL 291/2007, como se viu) é de afirmação jurisprudencial, com base numa letra de lei equívoca (concretamente o art. R. 211-3, 2º §, do *C.A.*), cf. J. Landel e L. Namin, cit., pág. 139 e anotação *L'Argus* ao último art., juillet 2005, pág. 2/R211.

Para a aludida situação belga consultámos predominantemente P. Colle, cit., págs. 141-142 e Aline Waleffe, "L'assurance R. C. automobile et les garagistes", *Revue Générale des Assurances et des Responsabilités* (2005), pág. 13985 (1-15), em especial 9 ss.

Recorde-se que a lei comunitária do SORCA, relativamente aos danos causados pelos veículos nas situações correspondentes aos nossos "furto, roubo ou furto de uso de veículo", acolhe tanto a solução geral, p.e. portuguesa, francesa e italiana (cobertura pelo SO), quanto a solução geral, p.e. belga e espanhola (exclusão do âmbito do SO, e cobertura pelo FGA) – cf. o art. 2º/2 da 2ª DSA.

consagrado para os casos do veículo à guarda do garagista quando este não haja cumprido a obrigação de seguro – cabendo nesse caso regresso do segurador chamado contra o garagista incumpridor, nos termos do previsto no art. 27º/1, *f)* – e da responsabilidade civil automóvel objectiva.

§11. Inspecção periódica obrigatória de veículo

59. Não só face à prática errática do mercado (em consequência de alguma falta de clareza da lei[108]), como, com maior importância, de molde a, de forma clara, fazer recair a sanção jurídica pela aceitação do contrato de SORCA relativo a veículo em incumprimento das obrigações relativas à inspecção periódica obrigatória apenas sobre o segurador[109] – o legislador de 2007 veio clarificar que a seguradora pode celebrar contrato relativo a veículo em incumprimento de inspecção obrigatória, sim, perdendo é o direito de regresso caso tal incumprimento seja anterior à aceitação do risco; arts. 17º e 27º/1, *i)*.

60. Note-se que o intuito do legislador continua a ser o do fomento do cumprimento da obrigação de apresentação do veículo à inspecção periódica obrigatória – daí que a aceitação do veículo na circunstância desse incumprimento dê perda do direito de regresso para a seguradora também relativamente aos futuros incumprimentos da mesma obrigação.

Este aspecto é detalhado nos trabalhos preparatórios, tendo como ponto de referência uma versão anterior do projecto que viria a resultar no DL de 21 Ago. 2007,

---

[108] Pois que a al. *f)* do art. 19º do DL 522/85, concedendo direito de regresso da seguradora "*contra o responsável pela apresentação do veículo a inspecção periódica que não tenha cumprido* [ess]*a obrigação*", sugeria inoponibilidade ao lesado da aceitação do contrato nessa circunstância, e o art. 4º do DL 130/94, 19 Mai. – lei posterior – vedava às seguradoras a aceitação das propostas de contrato relativas aos veículos nessa circunstância (mas não cuidando de revogar expressamente aquela primeira previsão).

[109] O que não sucederia para quem entendesse que da aceitação do contrato em oposição ao disposto no art. 4º do DL 130/94 resultaria uma nulidade oponível ao lesado ao abrigo do art. 14º do DL 522/85. Restaria então dirimir a questão da invocabilidade da invalidade pela seguradora que aceitara um tal contrato.

"Se estava em incumprimento, a previsão actual do proj. diploma não afastava a possibilidade da seguradora ter direito de regresso contra o incumpridor da obrigação de IPO a respeito de acidentes causados ou agravados pelo mau funcionamento do veículo no 2º ano de contrato (...). A seguradora corria o risco de não ter direito de regresso no 1º ano, ano em que poderia ter fiscalizado o cumprimento da obrigação de IPO, mas não no 2º ano, ano em que não poderia ter controlado o cumprimento de igual obrigação.

"(...) o regime deve então ser: a seguradora aceita um veículo sem IPO, e portanto perde o direito de regresso no 1º ano, devendo não beneficiar de direito de regresso no 2º ano de contrato (relativo a um 2º incumprimento) (...)".[110]

Ou seja: incentiva-se a não aceitação do contrato pela seguradora – e portanto o cumprimento da obrigação de apresentação do veículo à inspecção periódica. Mas se o contrato, ainda assim, vier a ser celebrado, cura-se então de orientar claramente a correspondente reacção desfavorável do ordenamento jurídico em desfavor da seguradora.

§12. Direito de regresso das seguradoras contra o condutor causador do acidente que esteja alcoolizado

61. Outro dos aspectos do regime especial do contrato de seguro de RCA que, não obstante a contenção de princípio do legislador relativamente à introdução de alterações em matéria de regime específico do contrato de seguro (cf. ponto 42. *supra*), acabaram por sofrer alterações é o do regime do direito de regresso do segurador em caso de condução sob o efeito do álcool ou outra substância tóxica.

Contenção de propósito reformador abundantemente recordada nos trabalhos preparatórios publicados, e que releva significativamente no que a seguir se anota.

---

[110] DCP 1/2007, II., 4., 2., §§ 2º e 3º.

62. O art. 27º/1, c), do DL 291/2007 vem dar à *"condução com uma taxa de alcoolemia superior à legalmente admitida"* (ou acusando o condutor *"consumo de estupefacientes ou outras drogas ou produtos tóxicos"*) o valor de causa presumida mediata do acidente: estabelecendo-se que o acidente se deveu ao condutor A, e acusando A uma tal taxa de alcoolemia, deve então, para efeitos de direito de regresso, presumir-se que o comportamento de A se deve à influência do álcool.

Não é uma causa presumida imediata do acidente, pois que o facto de um dos intervenientes no acidente acusar uma tal taxa de alcoolemia não cria a presunção de que foi ele o causador do acidente – estamos no domínio do direito de regresso do segurador de responsabilidade civil automóvel, portanto a jusante da questão da determinação do responsável civil.

Mas é regime mais punidor da condução sob o efeito do álcool que o de 1985[111], porque, estabelecido que seja o causador subjectivo do acidente, e se ocorrer que o mesmo acuse uma tal taxa de alcoolemia, prevê uma presunção específica de culpa que antes não existia.

63. E é tal presunção específica inelídivel, como pretendia quem defendia a imbricação deste regime com o regime sancionatório da condução sob o efeito do álcool?[112]

---

[111] Nos termos da interpretação jurisprudencial maioritária do art. 19º, *c*), do DL 522/85, 31 Dez., sequente ao Acórdão Uniformizador de Jurisprudência 6/2002, 28 Mai. (*DR*, 164, I-A, 18 Jul. 2002). Cf., p.e., a Anotação de J. Sinde Monteiro in *Cadernos de Direito Privado*, nº 2, Abr./Jun. 2003, págs. 40 ss..

[112] *Vide*, por expressivo, p.e., M. Mora do Vale, "Se beber pode conduzir ???", *Boletim Informativo APS* (de Associação Portuguesa de Seguradores), nº 103, Set. 2002, pág. 13, defendendo alteração legislativa que *"terá necessariamente que ter em consideração as previsões contra-ordenacionais e penais vigentes, sendo, por conseguinte absolutamente necessário o paralelismo entre todas as normas."*, devendo *"(...) espelhar a corrente da responsabilização objectiva do segurado nos casos em que a taxa de álcool no sangue seja considerada crime e a da presunção de culpa do segurado nos casos em que a taxa de álcool no sangue consubstancie apenas contra-ordenação."*.

Interpretamos, claro, esta posição como não pretendendo afastar totalmente a exigência de causalidade no acidente em que intervenha condutor cuja taxa de alcoolemia seja crime – *i.e.*, que se o acidente se dever a B, sem álcool, não pretende que uma "responsabilidade objectiva" de A afaste a responsabilidade subjectiva (ou objectiva) de B – situando-se a argumentação em causa no domínio do direito de regresso do segurador de A (o qual só existe se A fôr responsável civil).

É questão decerto com reduzido impacto prático (serão poucos os casos em que, acusando o causador do acidente uma tal alcoolemia, possa ele invocar outra causa mediata, p.e., causa que releve de responsabilidade civil objectiva).

Não se desconhece o critério geral fixado no nº 2 do art. 350º CC.

Ora, o aludido comedimento de propósitos do legislador de 2007 em matéria de regime específico de contrato de seguro, bem como os trabalhos preparatórios[113] são claramente no sentido da não previsão, indirecta, implícita, do carácter inelidível da presunção.

O que, de resto, é consistente com o argumento sistemático da interpretação.

Na verdade, recorde-se que o quadro de onde o legislador de 2007 partiu, o do art. 19º do DL 522/85, é o de um regime onde, segundo o entendimento maioritário a que se aludiu, a existir alguma presunção nas diversas als. aí previstas, ou, acrescente-se, a ser não elídivel alguma das presunções previstas nas mesmas als., tal não resultaria dos seus termos gerais, pelo que teria de ser o legislador a afirmá-lo expressamente.[114]

64. Na verdade, o legislador de 2007 não terá pretendido uma alteração de 180º no regime vigente, tão-só de 90º – terá pretendido abater a necessidade da prova da causalidade mediata do álcool (regime do direito de regresso), não abolir totalmente a relevância dessa causalidade (regime da responsabilidade civil).

De outra forma, como se compreende em termos razoáveis que a única menção que a problemática do *interface* responsabilidade civil automóvel/condução sob o efeito do álcool tenha no preâmbulo

---

[113] De onde consta, relativamente à redacção que viria a ser a do art. 27º/, c), "*Podendo sempre o condutor provar a irrelevância da alcoolemia para a causa do acidente.*", DCP 1/2007, II., 6., 2., § 4º.

[114] Cf. nomeadamente, os §§ 11 e 12 de "O direito" do referido Ac. 6/2002 cit., pág. 5398, "*E porque de um direito especial se trata, o direito de regresso tem de ser demonstrado nos termos gerais de direito, uma vez que nenhuma disposição do Decreto-Lei nº 522/85 veio afastar o regime geral da responsabilização, criando presunções, alterando o ónus da prova ou outro circunstancialismo que se desvie do regime geral.] Posições diferentes, como o efeito automático ou o funcionamento da presunção (...)*", por especialmente gravosas e potencialmente injustas, carecem de previsão legal expressa – como logo a seguir diz, "*Este efeito automático, espécie de responsabilidade objectiva, não é aceitável e só existe quando a lei o preveja.*".

do diploma de 2007 se refira a um aspecto não inovador deste, e não a uma tal revolução de 180°?[115]

O legislador segurador de 2007, ao dar o seu contributo para a luta contra o álcool na estrada, não poderia razoavelmente deixar de atender a que a abolição total da causalidade mediata da condução sob o efeito do álcool em matéria de direito de regresso do segurador só poderia proceder se o regime da responsabilidade civil automóvel, a montante daquele, fosse alterado em sentido semelhante – o que é ponderação de latitude bem mais exigente do que a curta alteração de regime em que o art. 27°/1, *c*), do DL 291/2007 se consubstancia.

Mais alterações de monta ao regime fixado no art. 27° do DL 291/2007 terão, parece, de esperar por eventual alteração da sede legal especial, pois entendemos à partida como muito duvidosa a aplicação sem mais ao mesmo do requisito geral da causalidade fixado no n° 2 do art. 144° do Regime Jurídico do Contrato de Seguro (aprovado pelo DL 72/2008, de 16 Abr.) – veja-se, p.e., e para não ir mais longe, a dificuldade de aplicação sem mais dessa solução ao caso do condutor não legalmente habilitado, previsto na 1ª parte da al. *d*) do n° 1 desse art. 27°; além de que a causalidade fixada nesse n° 2 do art. 144° é afastável por convenção das partes – o que de todo em todo parece adequado para um seguro como o SORCA. Atente-se com ênfase na dupla previsão de prevalência do regime especial no início do n° 2 do art. 144° cit. e ainda no art. 2° do Regime.

§13. Regime de regularização dos sinistros; em especial regime da perda total

65. Relativamente ao "Regime de regularização de sinistros", criado pelo DL 83/ 2006, 3 Mai., mas cujo cerne vinha já de 2003,[116] a opção de base do legislador de 2007 foi a de não lhe introduzir

---

[115] Cf. respectivo § 8°, que sinaliza aspecto da lei nacional cujo cumprimento da lei comunitária, por apenas implícito, poderia passar despercebido numa leitura mais apressada.

[116] Concretamente o "Procedimento de oferta razoável" previsto no art. 44° do DL 72-A/2003, 14 Abr., cf. ponto 3.0. *supra*.

alterações além das indispensáveis à transposição da 5ªDSA, "(...) *a bem da estabilidade e da experimentabilidade do regime do DL em causa* [o 83/2006], *o qual, recorde-se, entrou em vigor no passado dia 31 de Agosto e terá de ser objecto de reavaliação 3 anos após essa data. A excepção a esta orientação de base foi a aplicação (com adaptações) aos danos corporais das previsões do DL 83/2006 relativas a peritagens* (...)".[117]

As excepções a este princípio seriam apenas clarificações de pormenor, de que era exemplo a reformulação do regime da perda total.[118]

Todavia, a distância do art. 41º do DL 291/2007 em relação ao art. 20º-I previsto no DL 83/2006 [onde releva o teor das als. *c*) dos respectivos n°s 1, que no texto de 2006 há que juntar ao do nº 4] acabou por desmentir o propósito inicial do legislador, devendo a alteração ao regime da perda total considerar-se como muito significativa.

66. Vale a pena explicitar.

Recorde-se: o legislador do DL 83/2006 pretendeu disciplinar o *iter* processual de regularização dos sinistros automóvel que envolvam seguros[119], não tendo recuado nesse propósito nos casos em que esse *iter* envolva a aplicação do regime da perda total – por forma a que também esses casos fossem abrangidos pelas vantagens dessa disciplina, *i. e.*, pelos prazos de cumprimento obrigatório, monitorizável e tutelado por sanção.

---

[117] DCP 1/2007, II., 8., 0., § 1º, que mais adiante refere não ser aquele ensejo " (...) *o momento legislativo apropriado para a introdução de alterações ao DL 83/2006 que derroguem o equilíbrio técnico-político subjacente à respectiva decisão legislativa.*".

A reavaliação a que o texto faz alusão, prevista no art. 6º do DL 83/2006, foi sucedida pela (mais larga) reavaliação prevista na 1ª parte do art. 93º do DL 291/2007 (cf. Declaração Rectificativa 96/2007, *DR*, I, 202, 19 Out.).

Como também refere mais adiante o trecho citado "*Além das alterações indispensáveis ao cumprimento da obrigação de transposição, procedeu-se ainda a clarificações de pormenor em aspectos especialmente carecidos de clarificação, mas cujo conteúdo (da clarificação) não altere o sentido do regime original, nem sequer o densifique. É o caso da introdução de um nº 3 no artigo relativo à forma da participação do sinistro* (...)".

[118] DCP ..., cit. nota anterior, § 4º, III., 3..

[119] E, *grosso modo*, cujos danos se comportem dentro do limite do capital obrigatório.

Para garantir que a aplicação do regime geral de disciplinação aos casos de perda total melhorava a generalidade das situações jurídicas pertinentes, o legislador proveu a que o regime de perda total consagrado na lei fosse mais favorável aos lesados do que o regime que constituia prática corrente das seguradoras nessa matéria até então (concretamente o baseado no art. 13º do DL 44/2005, 23 Fev., de alteração do Cód. Estrada).

67. O regime da perda total, como se sabe, é o dos termos em que a obrigação de ressarcimento do devedor de responsabilidade civil passa a revestir a forma de indemniza-ção em dinheiro, deixando de ser devida a reparação natural, forma legalmente preferente (arts. 562º e 566º/1 CC).

A prática corrente das seguradoras até ao DL 83/2006 para a concretização *in casu* da terceira situação de atenuação do princípio da reparação natural (a terceira situação prevista no art. 566º/1 cit., de ser tal reparação *"excessivamente onerosa para o devedor"*) era a do recurso, em analogia, ao regime previsto no art. 13º do DL 44/2005, 23 Fev., diploma preambular de alteração do Cód. Estrada,[120] que, para efeitos de tutela da situação registal dos veículos automóvel, prevê que seja considerado salvado o veículo cujo valor de reparação seja superior a 70% do valor venal do veículo à data do sinistro (o valor praticado seria da ordem dos 70, 75%).

Concede-se que esta prática seguradora, de resto marginal (pois que os sinistros com perda total andariam longe dos, sequer, 10% sinistros de RC automóvel com dano material), passava ao largo de uma relevante jurisprudência em sentido desconforme,[121] entendendo

---

[120] Aliás reproduzindo o art. 16º do DL 2/98, 3 Jan., diploma antecessor.

[121] P.e., Acs. STJ 07B1849 (Santos Bernardino), de 5 Jul. '07, 07B4219 (Pires da Rosa), de 4 Dez. '07 (este referindo-se ao "valor patrimonial" do veículo, "o valor que o veículo representa dentro do património do lesado"), 05B4176 (Salvador da Costa), de 12 Jan. '06 e 03A4468 (Ponce de Leão), de 10 Fev. '06, Acs. TRP 0427006 (Alberto Sobrinho), de 11 Jan.'05 e 0430932 (Pinto de Almeida), de 27 Mai. '04, Acs. TRC 873/06 (Coelho de Matos), de 6 Jun. '06 e 3302/04 (Isaías Pádua), de 1 Mar. '05, Ac. TRG 2127/05-1 (Ana Resende), de 30 Nov. '05, e Acs. TRE 318/07-3 (Bernardo Domingos), de 21 Jun. '07 e 302/05-3 (Tavares de Paiva), de 21 Abr. '05. *Vide* também a anotação de J. M. Vieira Gomes ao Ac. STJ de 27-2-'03, "Custo das reparações, valor venal ou valor de substituição?", in *Cadernos de Direito Privado*, nº 3, págs. 55 ss..

que a excessiva onerosidade da reparação prevista no art. 566º/1 cit. teria de ser confrontada, não apenas com o *valor venal* (comercial, de venda) do veículo, mas ainda com o valor do veículo para o seu proprietário (*valor de uso*, nos termos do qual a um valor venal diminuto pode corresponder uma grande utilidade para o utilizador) – mas o facto é que os casos que chegavam à via judicial (e arbitral) eram de tal modo residuais que não eram de molde a infirmar aquela prática.

Donde que fossem as próprias associações de consumidores (ou pelos menos algumas), por altura da entrada em vigor do diploma de 2006, a reconhecer o novo regime como globalmente mais favorável aos lesados, embora em prejuízo de alguns deles (precisamente aqueles onde a um muito diminuto valor venal do veículo correspondia todavia um muito elevado valor de uso *e* o montante da indemnização atribuível por perda total era de tal modo baixo que não permitia ao lesado adquirir outro veículo).

68. A maior favorabilidade para os lesados nesta matéria pretendida pelo DL 83/2006 decorria em especial:

a) da previsão de um valor de reparação susceptível de determinar a perda total superior ao da previsão de 2005 (100% do valor venal do veículo, e não já os 70% do mesmo)[122];

b) sendo complementada pela previsão de um regime especial de majoração do valor da indemnização por perda total no caso de veículos de maior antiguidade (2% por cada ano de antiguidade acima de 5 anos, com o limite de 20%), majoração que, frise-se, devia ter-se por aplicável não apenas para *afastar* a reparação natural do veículo, mas também para *integrar o valor da indemnização* a entregar ao

---

[122] O que alinhava o regime português com os concretos montantes percentuais para a substituição da reparação em *natura* pela reparação em dinheiro praticados p.e. em Espanha em meados de 2007, segundo comentário de um *site* de comparação de produtos seguradores (Arpem.com) "(...) *CASI todas, pero NO todas las compañias consideran al siniestro total cuando el valor de reparación supere el 100% del valor del vehículo. Algunas compañias consideran siniestro total cuando el valor de reparación es del 75-80-90% del valor asegurado* (...)".

proprietário do veículo em substituição da reparação natural (um como que "duplo efeito da majoração").[123/124]

b') É aspecto que, naturalmente, deve ter-se por também aplicável em relação à majoração (120%) agora prevista no art. 41°/1, *c*), DL 291/2007 (*v. infra*). Não se perdeu, portanto, na passagem do regime de 2006 para o de 2007.

Mas já em relação ao tratamento do salvado o regime da perda total (igualmente seja o de 2006, seja o de 2007), ao contrário do seguido para a majoração, prevê um regime distinto para *o afastar* da reparação natural e para *a determinação da indemnização devida*: enquanto para afastar a reparação adiciona-se o valor do salvado (derrogando-se portanto o princípio indemnizatório para quem entenda que a determinação da excessiva onerosidade para os efeitos do art. 566°/1 CC deve atender tão-só ao valor venal do veículo), para a determinação da indemnização deduz-se o valor do salvado que permaneça na posse do proprietário (aplicando-se o princípio indemnizatório).

Este regime excepcionava especialmente o princípio geral do carácter indemnizatório dos contratos de seguro de danos, basilar ao regime do contrato de seguro,[125] que é de ordem pública (pois que se destina principalmente a desincentivar a ocorrência de sinistros).

E, claro, acabava por atender também (embora de forma marginal) a um outro valor de ordem pública, que é o do, dir-se-á, desincentivo da circulação de veículos cujas vicissitudes e idade são susceptíveis de fomentar a insegurança rodoviária.[126]

A objectivização do critério da "excessiva onerosidade" prosseguida pelo legislador de 2006 era todavia passível de ser lida como

---

[123] Nesse sentido, cf. DCP 1/2007, III., 3. cit. nota anterior.

[124] Adicionalmente ao referido no texto, constituindo portanto uma como que sua alínea "*c*)", há ainda a referir, no sentido da pretendida maior favorabilidade para os lesados (já em sede das demais situações previstas no art. 566°/1 CC): o maior detalhe no enunciado das situações de destruição física do veículo relevantes para a aplicação do regime da perda total relativamente à previsão de 2005 [concretamente as als. *a*) e *b*) do art. 20°-I/1 do DL 83/2006, em cf. com a al. *a*) do art. 13° de 2005].

[126] Art. 435° (e, indirectamente, arts. 433°, § 2°, e 434°, e também 439°) todos do CCom, e art. 123° e ss. do Regime Jurídico do Contrato de Seguro, aprovado pelo DL 72/2008, de 16 Abr.. J. M. Vieira Gomes, cit, pág. 60, refere que regra paralela alemã tem sido *"apelidada de verdadeiro "cavalo de Tróia" dentro dos muros da responsabilidade civil"*.

importando o desabrigo da tutela legal dos casos onde a um muito diminuto valor venal do veículo correspondia todavia uma muito grande utilidade para o respectivo proprietário (quando este prefira a restauração *in natura*). Como se disse, em muitos desses casos a aplicação do regime da "excessiva onerosidade objectivada" determina a entrega de uma indemnização de montante de tal forma reduzido que o lesado não consegue com ele adquirir meio de transporte pessoal alternativo.

69. O art. 41º do DL 291/2007 veio acentuar o tratamento genericamente mais favorável dos lesados em matéria de perda total, vindo de 2006, sem todavia, reconheça-se, minorar o desabrigo trazido pelo DL 83/2006 aos casos mais acentuados das situações em que veículo antigos têm todavia uma extrema utilidade para os seus proprietários (absolutamente menos frequentes, embora com repercussão jurisprudencial).

Fundamentalmente, em relação ao regime de 2006, o art. 41º alargou de forma muito sensível o regime de majoração do valor da indemnização por perda total em razão da antiguidade do veículo: o regime deixou de ser o da majoração de 2% por cada ano de antiguidade acima de 5 anos, com o limite de 20%, para passar a ser o da aplicação do valor de 120% logo aos veículos com mais de 2 anos – o que, em termos relativos, pois, beneficia enormemente os veículos com mais de 2 anos e até 5 anos (que passam a estar abrangidos pela majoração, e logo no seu valor máximo, aliás único), e beneficia também os veículos com mais de 5 anos e até 15 anos (que passam a beneficiar do que em 2006 era o valor máximo da majoração crescente e que agora é o valor único de majoração).

70. Tudo somado, temos de reconhecer, parece, que na grande maioria dos casos a situação dos lesados automóvel que prefiram a reparação natural à indemnização em dinheiro é melhor agora do que em 2007, ano de entrada em vigor do DL 291/2007, e ainda mais do que em 2006, data de entrada em vigor do DL 83/2006 – pois que foram diminuindo os casos em que a regularização do sinistro automóvel se fará obrigatoriamente por entrega de soma em dinheiro, em substituição da reparação do veículo.

Mas que poderá ainda ser melhorada nos tais casos-limite de acentuada vetustez do veículo acompanhada de muito grande utilidade para o proprietário.

Note-se que a melhoria da situação destes, em muitos casos, muito provavelmente não se conseguirá com a previsão de um patamar de 150 ou 200%.[127]

Mas a sua exclusão do regime da perda total privatístico (*i.e.*, regime que não passa pelo recurso a financiamento público) também não cura do valor público do fomento da segurança rodoviária.

Solução imaginativa, sem sacrifício da opção de fundo por regime de base privatístico, que[128] contribua para a minoração do problema poderá porventura passar pelo cruzamento do regime da perda total com possibilidades abertas pela eventual futura entrada em vigor do regime da apreensão e venda dos veículos sem seguro (cf. §22. *infra*): p.e., concedendo a lesados com rendimentos abaixo de x o direito de aquisição (por modalidade de aquisição mais ou menos complacente) dos veículos que venham a ser dados como perdidos a favor do FGA nos termos daquele regime de tutela do cumprimento da obrigação de seguro.[129]

71. Em sede de regime da perda total, refira-se, por fim, o verdadeiro "aditamento" ao conjunto de informações a cargo das seguradoras previsto no n° 4 do art. 41° constante dos novos n°s 7 e 8 do art. 7° do DL 203/2006, de 27 Out.,

---

[126] Em França o regime materialmente correspondente encontra-se previsto no *Code de la Route* e destina-se especificamente à luta contra o tráfico de salvados, os roubos de veículos e a insegurança rodoviária (sem todavia fixar o patamar a partir do qual a reparação é excessivamente onerosa, pois que apenas fala em "montante da reparação superior ao valor da coisa segura no momento do sinistro").

[127] Ou dos 130% que a jurisprudência alemã, segundo J. M. Vieira Gomes, cit., pág. 60, tem regularmente concedido ao lesado nesses casos.

[128] Em conjunto porventura com soluções da família das trazidas pela alteração legislativa de 2007, e designadamente, p.e., pela possível não adicionação (em termos a detalhar) do valor do salvado para efeitos da existência de perda total.

[129] Concretamente em relação à interpretação devida para o cit. art. 13°, *b*), do DL 44/2005, de 23 Fev., após a superveniência dos DL's 83/2006 e 291/2007, parece-nos que deve ter-se por indirectamente alterado em conformidade – pois que chegando o valor da reparação p.e. aos 80% do valor venal [portanto ultrapassando os 70% constantes da letra dessa al. *b*)], as seguradoras são obrigadas a, em querendo-o o lesado, operar a *restitutio in integrum*, e portanto a não dar ao veículo o tratamento de salvado.

na redacção do DL 64/2008, de 8 Abr. ["regime dos veículos em fim de vida"; v. também a correspondente al. *a*), *fine*, do n° 3 do art. 24°], que, num intuito de prevenção da criminalidade automóvel, veio prever que "*Sempre que tenham qualquer intervenção num processo que leve à declaração de perda total de um veículo interveniente num acidente nos termos do artigo 41° do Decreto-Lei n° 291/2007, de 21 de Agosto, as empresas de seguros informam o respectivo proprietário da obrigatoriedade de apresentação de um certificado de destruição para efeitos de cancelamento da matrícula e do registo e de quem é responsável por essa apresentação (...)*", informação que é prestada pelas seguradoras "(...) *no âmbito das comunicações previstas na al. c) do n° 4 do artigo 41° do Decreto-Lei n° 291/2007, de 21 de Agosto.*".

b) Ao nível do funcionamento lateral do SO (i.e., do informação, forma, prova, ...)

72. Começámos por aludir à intenção de princípio subjacente à intervenção legislativa de 2007 no sentido da não introdução de alterações de fundo à matéria "(...) *relevando especificamente da regulação do contrato de seguro (concretamente constante do cap. II do tít. I do DL 522/85)(...)*".

§14. Eliminação da obrigatoriedade de emissão do certificado internacional de seguro (carta verde, CV) em todos os casos, concretamente em relação a contratos cujo prémio seja pago em fracções de tempo inferiores ao quadrimestre

73. O art. 29°/9 do DL 291/2007 prevê a possibilidade de a seguradora, para todos os contratos em carteira, optar pela obrigação de emissão da CV não automática, mas tão-só a pedido do tomador do seguro, nos contratos cujo prémio seja pago em fracções de tempo inferiores ao quadrimestre.

Com o que o legislador visou resolver os problemas práticos resultantes da conjugação do princípio da emissão da CV em todos os casos [ou da CV como único meio (definitivo) de prova do SORCA] com o regime do pagamento dos prémios decorrente do DL 122/2005, 29 Jul., o qual acentuou quasi-totalmente o "princípio do *no premium, no risk*" – conjugação que, p.e. no caso dos contratos com pagamento trimestral de prémio, poderia levar a uma sucessão de emissão de CV's verdadeiramente desrazoável, da perspectiva dos interesses e valores em presença (nomeadamente atenta a rigorosa desnecessidade de uma concreta CV para funcionamento do seguro na circulação do veículo no território dos países aderentes ao "sistema multilateral da CV", que são a esmagadora maioria das situações a atender[130]).

Mas resolveu-os sem mudança de 180º no regime de prova desse seguro – *i.e.*, sem eliminação do princípio da prova definitiva apenas por meio da CV –, deixada eventualmente para posterior intervenção legislativa.

Trata-se portanto de alteração legislativa que se quis provisória e de transição – como se disse no decurso das consultas públicas havidas no processo que conduziu ao DL 291/2007, *"avança-se com o regime (provisório) de alargamento da relevância do certificado provisório de seguro – o que, pensa-se, diluirá em parte as dificuldades operacionais mas sem pagar o preço da introdução de solução desconhecida do regime actual"*.[131]

74. A concreta solução encontrada pelo legislador é de molde a fomentar a redução dos prazos de pagamento fraccionado quasi-quadrimestral para trimestral, por forma a adequar o prazo de pagamento do prémio ao prazo de validade máximo do certificado provisório [que é de 90 dias, art. 29º/9, *a*), mais 30 que o prazo de validade do certificado provisório do regime geral, nº 1 do mesmo art.].

---

[130] Cf. pontos 32. e 18. *supra*. Facto que permite regimes nacionais como p.e. o espanhol que facultam a prova do SORCA por meio de simples documento de prova do pagamento do prémio do contrato para o período em curso, *"siempre que contenga, al menos, la identificación de la entidad aseguradora, la matrícula, placa de seguro o signo distintivo del vehículo, el período de cobertura y la indicación de la cobertura del seguro de suscripción obligatoria."* (art. 22 do *Real Decreto 7/2001, de 12 enero*).

Eventualidade que passou a ser objecto de acolhimento expresso na lei portuguesa – como não podia deixar de ser (dada a vigência do hoje Acordo de Rethymno na ordem jurídica portuguesa): cf. o art. 28º/1, *b*), *fine*, do DL 291/2007 (suprindo omissão no anterior DL 522/85).

[131] Ponto II. 7. do DCP 1/2007.

A complexificação pontual do regime do certificado provisório daqui resultante – pois que agora se o sujeita a 2 regimes, o geral (nº 3 do art. 29º), de decisão de emissão casuística e em que o título tem uma validade máxima de 60 dias, e o outro (nº 9 do mesmo art.), de decisão de emissão automática e em que o título tem uma validade máxima de 90 dias – parece então um voto mais no sentido da eventual revisão futura da matéria, concretamente em sentido simplificador.[132]

75. Porque a solução da lei foi então a do alargamento do âmbito da substituição da CV (doc. cuja emissão obedece a forma específica, operosa e onerosa, dificultadora da sua falsificação) pelo certificado provisório, compreende-se o cuidado de deixar prevista habilitação para regulamentação especificamente garantidora da genuidade dos certificados provisórios, caso a mesma se venha a revelar necessária no futuro (nº 8 do mesmo art.).

O que permitiu o aligeiramento pontual do art. 29º relativamente ao correspondente art. 20º do DL 522/85, designadamente remetendo para o regulamento alguns conteúdos mais "regulamentares". Consta assim o conteúdo obrigatório de alguns dos demais documentos de prova do SORCA (concretamente dos certificado provisório, certificados de responsabilidade civil – do seguro de garagista e do seguro de automobilista – e aviso-recibo) da Norma do ISP 4/2008-R, de 19 Mar.[133]

76. Cabe ainda referir uma outra consequência do previsto no nº 9 do art. 29º do DL 291/2007 ao nível da organização jurídica da prova do SORCA.

A superveniência daquele, concretamente, ao alargar de forma significativa o leque de casos em que o certificado provisório de seguro é admitido a substituir a CV, veio agravar o défice de previsão regulamentar da Portaria 403/86, de 26 Abr., relativamente ao anterior art. 35º do DL 522/85, de 31 Dez., e agora ao art. 83º do DL 291/2007.

---

[132] Também na concreta matéria da prova provisória, compreende-se hoje menos bem a necessidade da distinção legal entre o certificado provisório e o aviso-recibo.

[133] *In DR*, II, 81, 24 Abr. 2008.

Recorde-se: a lei considera os documentos probatórios do SORCA "*documentos autênticos, pelo que a sua falsificação ou a utilização dolosa desses documentos, falsificados serão punidas nos termos da lei penal*" (nº 1 do art. 83º cit.) – donde[134] sujeitando-os a um requisito de participação da Administração Pública na sua emissão, concretamente à necessidade dos números de apólice dos contratos a que se reportem esses documentos serem "exarados em registo próprio, pela autoridade pública competente", "*nos termos a regulamentar por portaria conjunta dos Ministros das Finanças e da Administração Interna*" (nº 2 idem).

Igual regime no direito anterior (art. 35º do DL 522/85, 31 Dez.) foi objecto de regulamentação pela Portaria 403/86, 26 Abr., que todavia, num défice de consistência relativamente à previsão legal de base, não contemplava a totalidade das categorias de documentos probatórios previstas na lei – tendo como resultado uma situação nebulosa de, relativamente às categorias omitidas, não se saber com exactidão se estaríamos ante documentos autênticos apesar de imunes ao procedimento de registo por autoridade pública, se ante documentos probatórios do SORCA sem força de documentos autênticos por falta daquele procedimento (nenhuma das soluções satisfazendo o previsto na lei).

As categorias de documentos probatórios do SORCA em relação às quais se registava tal défice de previsão regulamentar eram o certificado provisório de seguro, o documento probatório do seguro de fronteira (se se entender que ao mesmo não teria de corresponder necessariamente a emissão de uma carta verde[135]) e o certificado de responsabilidade civil, seja o do seguro de garagista, seja o do seguro de automobilista (pois que aos mesmos não corresponde a emissão de carta verde, vocacionadas que estão *a priori* ambas as modalidades para a cobertura da responsabilidade civil decorrente da condução de vários veículos, que não apenas de um).

Esse défice de previsão regulamentar era ultrapassado de forma expedita pela NoISP 159/86, de 29 Ago. '86, cujo art. 5º previa que "*Em relação aos recibos emitidos em contratos de seguro de responsabilidade civil no grupo de ramos "Seguro Automóvel", que não dêem lugar à emissão de Carta Verde, será aposto, nos respectivos certificados, o número de Carta Verde que, para efeitos de visto, lhes foi atribuído.*"

---

[134] Não monitorizaremos aqui a justificação da opção legislativa pela qualificação dos documentos em questão como "autênticos" por forma a abrigá-los sob o regime penal da falsificação de documentos.

[135] Pelo menos a lei a tanto não obriga expressamente, tanto o DL 291/2007 quanto, antes, o DL 522/85.

A NoISP 12/2001-R, de 22 Nov., que substituiu aquela e está actualmente em vigor, na sua parte dispositiva refere apenas as cartas verdes – embora o respectivo título seja "Certificado de responsabilidade civil – carta verde", o que é incorrecto (pois que o certificado de responsabilidade civil nos termos da lei é o doc. probatório definitivo dos contratos que não dêem lugar à emissão de CV) mas poderá sugerir de alguma forma a aplicação analógica do seu regime aos, como diz o regulamentador de 1986, contratos de seguro que não dêem lugar à emissão de CV.

77. Por fim, refira-se que, compreensivelmente, à desoneração a título excepcional dos ónus das seguradoras com a emissão das CV consubstanciada na previsão do corpo do nº 9 do art. 29º, o legislador fez corresponder os especiais deveres de informação e de emissão pronta da CV a pedido constantes das als. *b)* e *c)* do mesmo.

§15. Especiais deveres de transparência para a previsão de franquia e para o direito de regresso

78. O legislador de 2007 previu especiais deveres de informação e esclarecimento relativamente a eventuais franquia (art. 16º/2) e direito de regresso do segurador (art. 27º/2).[136]

No primeiro caso releva essencialmente um propósito de protecção dos tomadores do seguro,[137] donde a previsão surja servida de sanção [de resto alinhada com a solução paralela[138] do art. 8º, *a)*, do regime das cláusulas contratuais gerais], e no segundo o fim da previsão é, em parte muito relevante, de ordem pública (redução do risco moral), donde se compreenda que a sanção, a existir, não seja clara.[139]

---

[136] Orientação legislativa seguida também pelo novo Regime Jurídico do Contrato de Seguro (DL 72/2008, de 16 Abr.) na matéria fulcral da declaração inicial do risco (art. 23º/4), tendo no decurso do respectivo processo legislativo caído previsão paralela relativa ao regime de agravamento do risco.

[137] Complementarmente, o legislador terá visado ainda uma diminuição do risco moral.

[138] Paralela, que não "sobreposta", por a previsão de franquia relevar de condição particular.

[139] Não é todavia de afastar a possibilidade de configuração de um caso em que a responsabilidade civil do segurador pelo incumprimento do dever fixado no art. 27º/2 possa vir a ser suscitável. Não pode é, naturalmente, invocar-se o incumprimento do dever pelo segurador para tornar ineficaz o direito de regresso.

O "prévio" do n° 2 do art. 16° deve ter-se por reportando-se à celebração do contrato.

c) *Regime do FGA e da tutela do cumprimento da obrigação de seguro*

§16. Responsabilidade do FGA pelos danos materiais causados por responsável desconhecido quando o veículo causador do acidente tenha sido abandonado no local do acidente, não beneficiando de seguro válido e eficaz ...

79. Recorde-se: a lei comunitária[140] obriga a que o FGA de cada Estado membro repare, "(...) *pelo menos dentro dos limites da obrigação de seguro, os danos materiais e pessoais causados por veículos não identificados* (...)".

Todavia, para prevenir os "(...) *riscos de fraude* (...)", o Estado membro pode "(...) *limitar ou excluir a intervenção deste organismo* [o FGA, *grosso modo*], *relativamente a danos materiais causados por um veículo não identificado.*", possibilidade esta que desde a 5ªDSA foi excluída no caso de ocorrência simultânea de danos pessoais graves, pois que neste caso os riscos de fraude são não significativos.

Frise-se pois que a exclusão é só relativa aos danos materiais. Os danos pessoais devem ser sempre cobertos pelo FGA, se causados por veículo não identificado.

O legislador português conta-se entre os que usou a permissão comunitária em causa para consagrar uma solução mais restrita do que a que a letra da lei comunitária inculca, uma vez que, se para a cobertura dos danos pessoais pelo FGA é suficiente que o responsável pelo acidente seja desconhecido[141], já para a dos danos materiais é necessário que o responsável seja conhecido – não pagando portanto <u>danos materiais causados por veículo identificado (sem seguro) mas cujo responsável seja desconhecido</u>.

Neste último caso os danos materiais ficarão por ressarcir (caso, repete-se, não haja seguro relativo ao veículo causador).

---

[140] Concretamente o art.1°/4, § 4° da 2ªDSA, que citamos no texto, entretanto alterado pelo art. 2° da 5ªDSA, passando o respectivo conteúdo a constar do art. 1°/6, § 1°, da 2ªDSA. Citamos também o 6° cons. da 2ªDSA.

[141] O que por si cumpre o requisito fixado na lei comunitária – pois que sendo o responsável desconhecido, o FGA paga os danos pessoais causados tanto por veículo conhecido quanto por veículo desconhecido.

A legalidade comunitária desta restrição da letra da lei portuguesa em relação ao que decorre literalmente da lei comunitária depende, é bem de ver, de se considerar que ela está ao serviço da prevenção de fraudes, e portanto, dentro do espírito da concreta previsão comunitária, donde relevando de uma interpretação admissível da mesma.

Aliás, segundo julgamos, esta solução não é exclusiva da lei portuguesa[142], e não se lhe conhece contestação institucional comunitária.

Como se sabe, a 5ªDSA veio agora limitar a extensão da permissão comunitária à exclusão pelas leis nacionais da cobertura pelo FGA dos danos materiais causados por veículo não identificado/responsável desconhecido – vedando tal exclusão quando se verifiquem em simultâneo danos corporais significativos [cf. ponto 4.2. do § 4. *supra*, portanto art. 49º/1, *c*), 1ª parte, e 2 do DL 291/ 2007], por ter considerado que nessa circunstância é dificilmente configurável uma situação de fraude.

80. Ora, o legislador de 2007 veio prever um outro caso em que o FGA não deixa de cobrir danos materiais causados por responsável desconhecido, por analogia com o caso anterior (*i.e.*, por também aqui ser razoavelmente de afastar o risco de fraude): concretamente quando o veículo causador do acidente *tenha sido abandonado no local do acidente, não beneficiando de seguro válido e eficaz, e a autoridade policial haja efectuado o respectivo auto-de-notícia, confirmando a presença do veículo no local do acidente* [art. 49º/1, *c*), 2ª parte, e 3].

---

[142] Servem-se do critério do desconhecimento do responsável, e não do da não identificação do veículo causador, p.e., os legisladores britânico [cf. os diversos *Untraced Drivers Agreements* – vide Donald B. Williams, *Guide to Motor Insurers' Bureau Claims*, 8th ed., 2000, London (Blackstone Press), págs. 3 e 16 ss., e o apontamento de actualização in Malcolm Clarke (Julian M. Burling e Robert L. Purves), *The law of insurance contracts*, 5th ed., 2006, London (Informa), pág. 214] e francês (arts. L.421-1, §§ 1º e 3º e R.421-8/1, § 4º, do *C.A.* – *v.* com muito interesse, a propósito, J. Landel, comentário a Ac. de 21 Fev. 1995, *RGAT* 1995, nº 2, pág. 376).

Servem-se, pelo contrário, do desconhecimento do veículo causador, p.e., as leis belga (art. 19bis-11, § 1er/7º, e § 2, *loi du 21 novembre 1989*, e art. 23, § 1er, 1º §, do *arrêté royal du 11 juillet 2003*), espanhola [art. 11/1, *a*), *Real decreto legislativo 8/2004, 29 oct.*, e art. 30/1, *a*), *Real decreto 7/2001, 12 ene.*, cf. L. F. Reglero Campos, cit., págs. 825 ss.] e italiana [art. 283/1, *a*), do *Codice delle assicurazioni private, dec. legislativo 7 settembre 2005, n. 209; v.*, a propósito, M. Rossetti, § 206, in A. La Torre (a cura), *Le Assicurazioni – L'assicurazione nei codici, Le assicurazioni obbligatorie, L'intermediazione assicurativa*, 2da ed., 2007, Milano (Giuffrè), págs. 983-984].

A solução ora consagrada pelo legislador nacional vem reduzir ainda mais a não cobertura dos danos materiais no caso acima enunciado (em sublinhado).

81. Eventual alteração de outro aspecto melhorável da lei nacional – o da minoração da injustiça da agravação do prémio (a somar aos incómodos) do tomador do seguro em razão do acidente causado pelo veículo furtado ou roubado (abandonado no local do acidente) e seguro – terá de passar pelo re-equacionar global da matéria, reponderando portanto também o seu cerne, concretamente se a cobertura dos danos causados por veículo furtado ou roubado deve permanecer a cargo dos contratos de seguro ou, pelo contrário, deve ser atribuída ao FGA.[143]

§17. Regime do fundado conflito entre o FGA e a seguradora sobre qual deva indemnizar o lesado

82. A acentuação do *"carácter do Fundo como de último recurso para o ressarcimento das vítimas da circulação automóvel, concentrando-o no seu fim identitário"*, frisada no preâmbulo do DL 291/2007, passou não apenas por um alargamento das suas obrigações de cobertura de sinistros não cobertos por mais ninguém, a que já aludimos, mas igualmente pelo encolhimento, na medida do razoável, das suas obrigações de cobertura de sinistros cobertos por outras entidades.

Neste sentido são de relevar as alterações introduzidas ao "regime do fundado conflito", cuja densificação justificou a previsão de um artigo específico, e, mais centralmente (pois que trata-se, não de apressar efectivação de obrigação de cobertura devida por terceiro já na vigência do DL 522/85, mas, nos casos em que a alteração de regime foi mais vigorosa, de transferir para terceiro a obrigação de reparação que no DL 522/85 cabia ao FGA), a fixação de limites especiais à responsabilidade do FGA quando haja outras entidades convocáveis para a efectivação do ressarcimento às vítimas, a tratar no § seguinte (respectivamente, art. 50º e 51º).

---

[143] Solução geral idêntica à da lei portuguesa é a das leis francesa e italiana; solução geral no sentido da oneração do FGA é, p.e., a das leis belga e espanhola.

83. "Fundado conflito": recorde-se, nos termos deste regime, cujos contornos são deferidos comunitariamente ao legislador nacional,[144] e *"para evitar atrasos no pagamento da indemnização à vítima"*,[145] *"Ocorrendo um fundado conflito entre o Fundo de Garantia Automóvel e uma empresa de seguros sobre qual deles recai o dever de indemnizar, deve o Fundo reparar os danos sofridos pelo lesado que caiba indemnizar, sem prejuízo de vir a ser reembolsado pela empresa de seguros, se sobre esta vier a final a impender essa responsabilidade (...)"* (art. 50º/1).

§17-A. Excurso. Aplicação da oponibilidade das excepções aos lesados relativamente às invalidades em razão de inexactidões ou omissões na declaração do risco

84. Os casos concretos que na prática mais suscitarão este "fundado conflito" em face do ordenamento jurídico segurador português actual serão porventura os que se situam na esfera de aplicação dos arts. 429º e 428º CCom: nomeadamente de descorrespondência relevante[146] entre o risco declarado (pelo tomador do seguro ou o segurado) e o risco efectivamente existente; seja ao nível do condutor habitual (identidade ou características), seja do veículo (em si ou a natureza do habitualmente transportado), seja do circuito habitual do mesmo.

É conhecida a reiterada suscitação jurisprudencial da questão da oponibilidade da invalidade do contrato com base naqueles arts., em

---

[144] Art. 4º da 3ªDSA, que permite ao legislador nacional optar para o efeito pela oneração do segurador de RC.
[145] Cons. 10 *idem*.
[146] Relevante também em termos de tratar-se de um facto inexacto essencial para a aceitação do risco (facto que teria *"podido influir sobre a existência ou condições do contrato"*, nos termos do art. 429º CCom). Tanto quanto julgamos, é frequente encontrar na jurisprudência suscitada pelo SORCA casos de constatação de inexactidão não-essencial (e portanto não relevante para a invalidade ou alterabilidade do contrato) relativamente ao condutor habitual, e mesmo quanto ao veículo objecto do seguro – vide, *v.g.*, Ac. STJ 08A356, de 4 Abr. '08 (Paulo Sá). [Note-se que não nos referimos à jurisprudência onde se constata a não alegação/prova do carácter essencial do facto inexacto ou omitido, a qual podemos qualificar como, julgamos, abundante].

face do previsto no art. 14° DL 522/85 (hoje art. 22° DL 291/2007), indício seguro da existência de fundado conflito entre as seguradoras e o FGA relativamente a quem cabe o ressarcimento.

85. Relativamente ao *interface* art. 429° CCom/art. 14° DL 522/85, a orientação jurisprudencial que nos parece largamente predominante vai no sentido de considerar que, sendo a invalidade prevista no art. 429° afinal uma *anulabilidade*, o previsto no art. 14° obsta à sua oponibilidade aos lesados, pois que este só admite opor a estes anulabilidades previstas na lei do SORCA, não na lei geral.[147]

Já para o caso de, sendo o veículo pertença de A (que, p.e., não tem carta de condução), B, querendo prestar um favor a A, declarar que o veículo lhe pertence, a orientação jurisprudencial predominante, segundo julgamos, vai no sentido da inscrição da situação no previsto no art. 428°, § 1, CCom, sendo o seguro nulo por falta de interesse, e portanto podendo a seguradora invocar a invalidade contra os lesados (art. 14° cit.).[148]

86. A superveniência do Regime Jurídico do Contrato de Seguro, aprovado pelo DL 72/2008, de 16 Abr., é susceptível de basicamente manter a situação, porquanto não veio ferir de nulidade as omissões ou inexactidões na declaração do risco, nomeadamente quando dolosas (art. 25°; cf. também art. 2°). Evolução

---

[147] Assim, *v.g.*, os Acs. STJ 07A3447, de 6 Nov. '07 (Nuno Cameira), 07A2728, de 2 Out. '07 (Mário Cruz), 06A3600, de 21 Nov. '06 (Azevedo Ramos), 06A3465, de 14 Nov. '06 (Alves Velho), 06A2276, de 12 Set. '06 (Alves Velho), 05B2347, de 20 Out. '05 (Oliveira Barros), 06A1435, de 8 Jun.'06 (Azevedo Ramos), 05A3992, de 31 Jan. '06 (Azevedo Ramos), 04B3374, de 18 Nov. '04 (Araújo de Barros), e, com enquadramento de direito comparado, 02B3891, de 15 Mai. '02 (Moitinho de Almeida), que, lapidarmente, justifica a solução como sendo imposta pela *"finalidade do seguro obrigatório: um regime que faça depender a determinação do responsável de eventual nulidade resultante de falsas declarações sobre o risco seria fonte de incerteza para os lesados quanto à forma de jurisdicionalmente exercerem os respectivos direitos. Os atrasos que daí resultariam (...) afectariam de modo intolerável a protecção jurídica das vítimas de acidentes de circulação."* (6 §§ a contar do fim).

[148] Assim, *v.g.*, os Acs. STJ 07A230, de 22 Mar. '07 (Silva Salazar), 06B2608, de 30 Nov. '06 (Bettencourt de Faria), 02B2165, de 17 Jan. '02 (Simões Freire), [o Ac. STJ 04A2204, de 22 Jun. '04 (Lopes Pinto) recorre para o efeito à nulidade prevista no art. 436° CCom]; o que, ao menos de direito a constituir, parece solução excessiva para o caso em que o impacto da declaração falsa para a seguradora se restringiria à mera elevação do preço da cobertura, e não a recusa do contrato.

a este nível, a haver, terá portanto de verificar-se ao nível da lei especial, *i.e.*, do regime específico do sistema do SORCA.

87. A título como que de balanço relativamente a este concreto ponto das relações entre os arts. 429º CCom e o 14º DL 522/85 (portanto art. 22º DL 291/2007), temos de constatar que a solução pró-lesado nesta questão se faz com base na lei especial, juntando à opacidade da fórmula do art. 14º um entendimento jurisprudencial no sentido da existência de um como que *numerus clausus* das invalidades oponíveis – e não com base na grande exigência do critério geral temporal de selecção das invalidades oponíveis, como sucede no direito comparado próximo que só permite opor aos lesados as excepções decorrentes de factos que não só tenham *ocorrido* antes do sinistro mas ainda tenham sido *invocados* antes do mesmo.[149/150]

87. Relativamente à orientação de aplicação do previsto no art. 428º, § 1, CCom ao caso de inexactidão da declaração do risco relativa à identidade do proprietário do veículo[151], diremos que em-

---

[149] Esta "2ª via" para chegar à mesma solução é decerto mais clara e segura – cf. a formulação do art. 87, § 1ᵉʳ, da lei contrato de seguro belga (de 1992), a título de regime geral dos SO de RC.

[150] Anote-se que o facto da solução vigente no ordenamento jurídico nacional constar da lei especial não é somenos – p.e., é susceptível de afastar, no caso do SORCA (mais exactamente do art. 22º do DL 291/2007), o regime previsto no art. 25º/3 do Regime Jurídico do Contrato de Seguro (DL 72/2008, de 16 Abr.; cf. respectivo art. 2º).

[151] O previsto no art. 6º/2 DL 291/2007 (possibilidade de "qualquer pessoa", que não os obrigados ao seguro, celebrar o SORCA, suprindo o cumprimento da obrigação por estes), que aliás repete o art. 2º/2 DL 522/85, não parece argumento irrebatível para abater o mencionado recurso jurisprudencial ao art. 428º, § 1, CCom, pois que aquela previsão especial deve ser lida à luz do princípio geral deste § 1, não podendo portanto faltar a essa "qualquer pessoa" interesse juridicamente relevante.

A previsão desse art. 6º/2 é tão-só a válvula de segurança usada pelo legislador para eventual insuficiência da formulação do art. 6º/1 ante a inesgotabilidade das relações sociais. Se o legislador se tivesse ficado pela previsão do art. 4º/1, já não seria necessária a do art. 6º/2. Mas, e bem, num propósito de facilitação da aplicação prática do enunciado geral do art. 4º/1, o legislador teve o cuidado de o concretizar por meio do detalhe do art. 6º/1.

Exemplo de aplicação prática do previsto neste art. 6º/2 é o mencionado no manual prático P. Vanden Camp, *Mémento pour le profissionnel de L'Assurance Auto 2007*, Kluwer (Bruxelles), pág. 72, "*Le preneur d'assurance peut être une autre personne que le propriétaire du véhicule ou que la personne au nom de laquelle le véhicule est immatriculé.*] *Si un véhicule non assuré est prêté à un tiers, la responsabilité de celui qui a*

bora a solução se compreenda no âmbito de um propósito jurisprudencial de solução equitativa[152] para a questão da aplicação da oponibilidade das excepções aos lesados relativamente às invalidades em razão de inexactidões ou omissões na declaração do risco, parece todavia pouco lógico não o tratar como o caso de declarações inexactas que indubitavelmente é (sujeitando-o portanto ao previsto no art. 429º CCom)[153].

Mas, concede-se, devendo-se então *de iure constituendo* associá-lo a um direito de regresso da seguradora de amplitude mais aproximada à do conjunto de direitos previstos no art. 54º/1 a 4 a favor do FGA (cf. §20. *infra*) , não bastando para o efeito a mera previsão geral do art. 441º CCom (art. 136º do Regime Jurídico do Contrato de Seguro).

---

prêté le véhicule est engagée.] *Celui qui confie un véhicule non assuré à un tiers – le véhicule étant pourvu d'une plaque d'immatriculation – sans avertir ce tiers de l'absence d'assurance, devra en supporter les conséquences.".*

Donde, o melhor argumento para abater o mencionado recurso jurisprudencial ao art. 428º, § 1, CCom, parece deveras ser o expendido no texto.

NOTA DE ACTUALIZAÇÃO: O art. 55º do Regime Jurídico do Contrato de Seguro (aprovado pelo DL 72/2008, de 16 Abr.) não traz novidade a esta matéria no que ao SORCA diz respeito, pois que este tem já o tal, hoje, art. 6º/2 do DL 291/2007. Na verdade, aquele art. 55º, esclarecendo expressamente que o pagamento do prémio por terceiro é autorizado, vem atalhar as hesitações sobre a legalidade do mesmo em face do princípio do interesse no seguro (art. 428º, § 1, do CCom e art. 43º daquele Regime Jurídico) – hesitações que o regime actual geral do contrato de seguro admite, mas não já o SORCA, mercê, precisamente, do, hoje, referido art. 6º/2. (Aliás, o regime do SORCA parece à primeira vista ir mais longe que o art. 55º do Regime Jurídico do Contrato de Seguro, pois que este limita-se a regular a matéria do pagamento do prémio).

[152] Equidade que consiste em solucionar a opacidade da lei relativamente a esta questão ["questão do *interface* art. 429º (e 428º) CCom/art. 14º DL 522/85"] de forma salomónica, onerando as seguradoras nos casos remetidos para o art. 429º CCom, e onerando os lesados (ou melhor, o FGA) nos casos, porventura de dolo mais operoso, forçadamente subsumidos ao art. 428º, § 1, CCom.

[153] Assim, se bem lemos, acabamos por, na prática, concluir em sentido consonante com J. C. Moitinho de Almeida, cit., *Revista do CEJ*, pág. 67 – embora não adiramos à invocação do previsto no art. 6º/2 do DL 291/2007 como eliminador da invocabilidade no caso do § 1 do art. 428º do CCom, pois que lemos este art. 6º/2 como amaciando no caso do SORCA a exigência constante desse § 1, fazendo com que nesse caso seja suficiente a existência na esfera jurídica do tomador do seguro de um qualquer interesse juridicamente relevante.

Perguntamo-nos aliás se as concretas previsões dos n°s 3 e 4 deste art. 54° não poderão constituir subsídio relevante para o reequacionamento de direito a constituir da questão mais geral do tratamento em sede de lei do SORCA da matéria das declarações inexactas mais reprováveis.

*

89. As alterações trazidas pelo DL 291/2007 ao regime do fundado conflito vão no sentido, não da alteração da sua orientação de fundo, que é a da oneração *a priori* do FGA[154], mas da densificação procedimental da solução existente, que, com inspiração na solução espanhola,[155] passa a prever um incentivo patrimonial à contenção contenciosa das seguradoras (incremento dos juros devidos ao final ao FGA, que deixa de ser devido caso o pagamento ao final prevenir o recurso à via judicial).

90. Por fim, anote-se que o conflito entre o FGA e a seguradora pode reportar-se apenas ao *quantum* do ressarcimento que caberá a cada um, pois que a intervenção ressarcitória do FGA deve teleologicamente suscitar-se também nos casos de invalidade *parcial* do contrato, ou redução da garantia, oponível ao lesado – naturalmente até ao limite do capital mínimo obrigatório do seguro.

---

[154] A mesma orientação, p.e., nas leis belga e espanhola (respectivamente, art. 19*bis*-18 da *loi du 21 novembre 1989* e art. 30/1, *d*), 1° §, *Real Decreto 7/2001, de 12 enero* ("*Reglamento*"). A lei francesa, pelo contrário, leva a subsidariedade do respectivo Fundo de Garantia ao ponto de precludir a sua obrigação ressarcitória a partir do momento em que no acidente esteja implicado veículo com seguro, ainda que o causador seja o veículo sem seguro (J. Landel e L. Namin, cit., pág. 205); é todavia adequado recordar que o regime francês do SORCA é o de um sistema de indemnização automática, cf. 1ª nota de rodapé ao §8. *supra*.

[155] Art. 30/1, *d*), 2° §, *Reglamento* cit. nota anterior, que todavia não conhece a atenuação prevista no n° 3 do art. 50° do DL 291/2007.

§18. Limites especiais à responsabilidade do FGA quando haja outras entidades convocáveis para a efectivação do ressarcimento às vítimas

91. Já no § anterior se começou por aludir a que no DL 291/2007 a acentuação do *"carácter do Fundo como de último recurso para o ressarcimento das vítimas da circula-ção automóvel, concentrando-o no seu fim identitário"*, passou, em termos materiais, principalmente pela previsão de limites especiais à responsabilidade do FGA quando haja outras entidades convocáveis para a efectivação do ressarcimento às vítimas (art. 51º) – mas, frisou-o o legislador,[156] curando que tais limites não prejudicassem os lesados, seja de forma directa (diminuindo as prestações ressarcitórias), seja indirecta (alterando o prémio do seguro de danos próprios cuja cobertura haja sido actuada, cf. o nº 6 do art. 51º).

92. O propósito de não prejuízo dos lesados foi ao ponto de, relativamente à protecção do lesado por acidente simultaneamente de trabalho e de viação, fazer o FGA assumir o pagamento das prestações ressarcitórias devidas ao abrigo da lei dos acidentes de trabalho quando não haja seguro muito para além do institucionalmente necessário.

Na verdade, não havendo seguro de acidentes de trabalho em benefício do lesado de um tal acidente, o art. 51º/1 prevê a obrigação de pagamento pelo FGA das prestações devidas nos termos da lei dos acidentes de trabalho com excepção das *"prestações devidas a título de invalidez permanente"*, quando o princípio do regime conforme à racionalidade da organização institucional do sector segurador imporá, parece, que o âmbito dessa excepção se estenda a todas as prestações ressarcitórias que devam ser pagas pelo FAT (Fundo

---

[156] Designadamente ao afirmar que *"O entendimento subjacente à solução constante do proj. diploma é uma decorrência da ideia geral de "subsidiarização" da intervenção do FGA na medida do razoável e sem prejudicar os lesados: não prejudicando os lesados em geral, trata o legislador de limitar as despesas do FGA, permitindo-lhe fazer face ao acréscimo das suas responsabilidades consubstanciado na sua evolução pretérita, presente e futura."*, DCP 1/2007, ponto 10.1..

dos Acidentes de Trabalho) com partida numa situação de incumprimento da obrigação de segurar por parte de uma entidade empregadora.

Enfim, são então 3 os casos visados pelo art. 51°, que passamos a abordar.

18.1. *Acidente simultaneamente de trabalho (ou de serviço*[157]*) e de viação*[158]

93. Como se sabe, o facto do acidente revestir essa dupla característica permite ao lesado não só optar pela via de ressarcimento dos danos indemnizáveis por ambas as vias (a proporcionada pela responsabilidade civil por acidentes de trabalho e a proporcionada pela responsabilidade civil automóvel),[159] como ainda adicionar (que não

---

[157] O que no texto vai escrito relativamente aos acidentes de trabalho é aplicável em relação aos acidentes em serviço (regulados pelo DL 503/99, 20 Nov.), com a excepção (juridicamente) relevante do último ponto *infra* do presente ponto 18.1. do §18..

[158] Sobre esta matéria, *v.* também o fixado no art. 9° da Portaria 377/2008, de 26 Mai. (emitida nos termos do art. 39°/5 DL 291/2007, e aludida na 1ª nota de rodapé do ponto 19. *supra*), que todavia aqui se não considerou especificamente.

[159] Tal faculdade de opção decorre de, ante a ocorrência de acidente com tal dupla característica, ter o legislador **não apenas** previsto a reparação do dano em ambos os corpos normativos (o da RC automóvel e o da RC acidentes de trabalho), **como** tão-só organizado a prevalência da oneração do responsável civil automóvel em termos de direito de regresso: cf. o art. 31°, especialmente o n° 4, LAT (Lei dos Acidentes de Trabalho, 100/97, de 13 Set.) – aliás substancialmente inalterado pelo art. 294° do Cód. Trabalho ("CT", aprovado pela L 99/2003, de 27 Ago.), que futuramente o substituirá (art. 3°/2 dessa Lei, sendo que se aguarda ainda a entrada em vigor da lei especial aí prevista) –, e o art. 26°/1 DL 291/ 2007, cuja formulação, que de resto é a do art. 18°/1 DL 522/85, seu antecessor, é bem menos clara [embora o conteúdo dispositivo substancial – que não procedimental, cf., a propósito, p.e., o ponto 5 do Ac. do STJ 01A4056, de 24 Jan. '02 (Garcia Marques) – seja o mesmo] que a dos demais antecessores, concretamente os arts. 21°/1 DL 408/79, de 25 Set., e, antes, art. 27° DL 165/75, de 28 Mar. (*vide infra*).

J. M. Antunes Varela, *Das obrigações em geral, vol. I*, 7ª ed., 1991, Coimbra (Almedina), pág. 695, dá uma outra sustentação jurídica para a faculdade de opção do lesado: "*A medida especial de protecção concedida pelo artigo 507°* [do CC] *à vítima do acidente ou seus familiares, que visa especialmente garantir os lesados contra as dificuldades de cobrança da indemnização de algum dos responsáveis, tem pleno cabimento no caso da concorrência da responsabilidade da entidade patronal com a do detentor ou condutor do veículo causador do acidente.*".

cumular)[160] as indemnizações devidas nos termos de cada uma das responsabilidades.

Não lhe permite somar as indemnizações destinadas ao pagamento de um mesmo dano (v.g., os danos patrimoniais), mas permite-lhe somar a indemnização destinada ao pagamento de danos reparáveis por qualquer uma das responsabilidades com a indemniza-ção destinada ao pagamento de danos reparáveis só por uma delas (é o caso dos danos não patrimoniais, só reparáveis em princípio[161] pela responsabilidade civil automóvel).

A diferença entre os danos susceptíveis de reparação por cada uma daquelas 2 responsabilidades decorre essencialmente dos distintos fins jurídicos das respectivas reparações, o da reconstituição *in integrum* (art. 562º CC) na responsabilidade civil automóvel, e o da reconstituição apenas da "integridade produtiva" (reconstituição "*do estado de saúde e da capacidade de trabalho ou de ganho do sinistrado e à sua recuperação para a vida activa*")[162] na responsabilidade civil por acidentes de trabalho.

94. Como se disse, embora não vede ao lesado a escolha de uma das vias de ressarcimento nestes acidentes, o que o legislador faz é "subalternizar o risco da relação de trabalho relativamente ao risco da circulação rodoviária",[163] prevendo o direito de regresso do

---

[160] Pois que o limite da obrigação de responsabilidade civil é a reparação do dano (art. 483º CC). Cf. J. M. Antunes Varela, cit., pág. 695, 2º §.

[161] Art. 18º/2 LAT (e art. 295º/1 CT).

[162] Art. 10º, *a*), da LAT (aliás inalterado pelo art. 296º/1 CT). O resumo dos 3 objectivos enunciados na al. *a*) do art. 10º LAT citado no texto num único, o da "reconstituição da integridade produtiva" do sinistrado por acidente de trabalho, é enunciado por Vítor Ribeiro, *Acidentes de trabalho – Reflexões e notas práticas*, cit. por Carlos Alegre, *Acidentes de Trabalho e doenças profissionais – Regime jurídico anotado*, 2ª ed., Coimbra, 2000, págs. 73 ss., a que recorremos por facilidade de resumo de exposição, sem portanto necessariamente aderirmos a eventual orientação que lhe possa subjazer no sentido de tomar o regime dos acidentes de trabalho como tendente à reconstituição tão-só de um factor produtivo, o do trabalho.

O que cabe sim acentuar é que enquanto houver dissonância no enunciado dos fins últimos de cada um dos sistemas de reparação de danos (o da RC automóvel e o da RC acidentes de trabalho), haverá possibilidade de danos indemnizáveis por apenas umas das duas vias.

[163] O enunciado é de F. Vilhena de Carvalho, *Seguro automóvel e responsabilidade civil – Legislação e jurisprudência actualizadas*, Lisboa, 1998, pág. 28. Como diz J. M. Antunes Varela, cit., pág. 697, "*O risco próprio do veículo causador do acidente funciona como uma causa mais próxima do dano do que o perigo inerente à laboração da entidade patronal.*" (sublinhados a itálico no texto).

obrigado de responsabilidade por acidentes de trabalho sobre o obrigado de responsabilidade automóvel (art. 31º/4 LAT cit. e art. 26º/1 DL 291/2007[164]).

Frise-se que o que preside a esta opção legislativa é deveras a consideração do maior risco da circulação automóvel,[165] o que permite maior facilidade na extensão do direito de regresso em causa ao obrigado a título de responsabilidade civil *objectiva* automóvel.[166]

95. Pois o que agora vem estabelecer o art. 51º/1 DL 291/2007 é que, na circunstância de um tal acidente, o FGA, em princípio, só repara o que não for em abstracto reparável pela outra via de ressarcimento, ou seja, o dano material (basicamente os danos no veículo do terceiro lesado) e, dentro do dano corporal, os danos não reparáveis nos termos da LAT, e que são os danos não patrimoniais e alguns dos danos patrimoniais (precisamente os danos patrimoniais que em concreto devam ser tidos por não relevantes para, como se disse, a reconstituição *"do estado de saúde e da capacidade de trabalho ou de ganho do sinistrado e à sua recuperação para a vida activa"*).

---

[164] Já em anterior nota se aludiu à opacidade da formulação do art. 26º/1 DL 291/2007, da qual todavia não padeciam os seus antecessores mais longínquos: cite-se, p.e., o art. 21º/1 DL 408/79, 25 Set.: *"Quando o lesado em acidente de viação beneficie do regime próprio dos acidentes de trabalho, por o acidente ser simultaneamente de viação e de trabalho, o segurador de trabalho ou o responsável directo, na falta deste seguro, responderá pelo acidente de trabalho, tendo o direito de haver do segurador do responsável pelo acidente de viação ou do fundo de garantia automóvel, na falta do seguro, o reembolso das indemnizações pagas, nos termos dos números seguintes e do que vier a ser regulamentado."*.

[165] Pelo que é dizer de menos afirmar tão-somente, como é comum ver na jurisprudência, e na formulação recolhida em Carlos Alegre, cit., pág. 150, "(...) *o que se encontra em confronto* [nesse art. 31º LAT] *é a prevalência indemnizatória resultante de responsabilidade objectiva em relação à responsabilidade subjectiva de quem pratica o facto ilícito.*".

[166] Entendimento que julgamos predominante na jurisprudência (pelo menos a premissa de partida). Cf., ao nível do STJ, *v.g.*, 04B1310, de 13 Jan. '05 (Pires da Rosa), cujo sumário, no nº 3 diz *"Quando se fala de um acidente que é simultaneamente de viação e de trabalho o que deve dizer-se ab initio é que a responsabilidade primeira ou primacial é daquele ou daqueles a quem puder ser imputado, a título de culpa ou risco, o acidente de viação."* (sublinhado nosso), 06A2244, de 12 Set.'06 (Afonso Correia), que remete para aquele, 079654, de 29 Jan. '91 (Beça Pereira), "(...) *por ser o que cria o risco mais intenso* (...)", 078887, de 11 Dez. '90 (Beça Pereira), "(...) *por ser o que cria maior risco* (...)", e também 02B3024, de 24 Out. '02 (Nascimento Costa).

Tudo o mais – no intuito da preservação patrimonial do FGA, de molde a acentuar o seu carácter *"de último recurso para o ressarcimento das vítimas da circulação automóvel, concentrando-o no seu fim identitário"* – ficará a cargo dos estritos devedores de responsabilidade civil por acidentes de trabalho: o empregador, a respectiva seguradora de acidentes de trabalho, e o FAT.

A excepção a este princípio de desoneração do FGA é o dos casos em que inexista seguro de acidentes de trabalho, caso em que o FGA só não responderá pelo que não for devido ao lesado pelo FAT (nos termos da interpretação racional – tendo em conta a racionalidade da estrutura institucional subjacente à actividade do seguro de acidentes de trabalho – do trecho final do n° 1 do art. 51° a que se procedeu no 2° ponto do intróito do presente §18.).

96. E a previsão do n° 4 deste art. 51°, explica-se por um cuidado de facultar às entidades ora oneradas com o que antes era oneração do FGA tutela pós-reparação da ordem da que a lei prevê em benefício do FGA (concretamente no art. 54° DL 291/2007), o que não seria conseguido sem dificuldade pela simples aplicação do previsto no art. 31°/4 LAT no caso (que nomeadamente não prevê regresso contra o incumpridor da obrigação de SRCA).

97. A diferença do regime de 2007 relativamente ao de 1985 no respeitante ao acidente simultaneamente de trabalho e de viação onde seja devida intervenção ressarcitória do FGA é pois a derrogação do princípio da alternatividade das vias de ressarcimento quanto à reparação dos danos reparáveis pela via-seguro de acidentes de trabalho (via que fornece reparação ao lesado seja via-seguro seja via-regime da inexistência de seguro).

Mas, porque o art. 31°/4 LAT consta de lei reforçada, tal afastamento da alternatividade não pode ser absoluto, mas apenas relativo, sob pena de ilegalidade, senão mesmo inconstitucionalidade[167] – *i.e.*,

---

[167] Para a natureza do vício, cf. J. J. Gomes Canotilho e V. Moreira, *Constituição da República Portuguesa Anotada*, 3ª ed., 1993, Coimbra (Coimbra Ed.), pág. 507. Eventual inconstitucionalidade decorreria pelo menos da preterição da participação dos representantes dos trabalhadores no processo de alteração do art. 31° LAT [arts. 54°/4, *d*), e 56°/2, *a*), CRP].

não podendo ser de molde a o art. 51°/1 DL 291/2007 ter revogado pontualmente o previsto no art. 31°/4 LAT; terá de tal afastamento se consubstanciar apenas na obrigação do lesado demandar o obrigado a título de responsabilidade pelos acidentes de trabalho para a reparação do dano susceptível de ser reparado por essa via. Sem poder de demanda alternativa ao FGA para a reparação desses danos.

A actuação neste caso do previsto no art. 31°/4 LAT limitar-se-á portanto ao 2° tempo do processo de reparação, ao regresso do devedor de responsabilidade pelos acidentes de trabalho sobre o devedor de responsabilidade pelo acidente de viação, o FGA.

A coerência *total* da adesão do legislador ao propósito de acentuação do carácter do FGA como último recurso para o ressarcimento das vítimas da circulação automóvel, no caso dos acidentes simultaneamente de trabalho e de viação, passa portanto pela alteração da lei dos acidentes de trabalho, pois que, como se viu, o art. 294° Cód. Trabalho, de resto presentemente em espera de entrada em vigor, mantém substancialmente inalterado o art. 31° LAT.[168]

98. Já em relação aos acidentes simultaneamente de viação e de serviço não cabe idêntica limitação do alcance do previsto no art. 51°/1 DL 291/2007 – disposição que é uma excepção ao regime geral previsto no art. 26°/1 e 2 do mesmo diploma –, uma vez que o art. 46° DL 503/99, 20 Nov. (disposição que neste âmbito faz as vezes do art. 31° LAT no âmbito dos acidentes de trabalho) já não tem força reforçada, donde cabendo aplicação pura do princípio *lex posterior derogat prior* (art. 7°/2 CC).

Refira-se é que à seguradora de acidentes em serviço deve aplicar-se o previsto no regime dos acidentes em serviço, e portanto o mencionado art. 46° DL 503/99, que não o previsto no regime dos acidentes de trabalho (o art. 31° LAT).

---

[168] Cf. a 1ª nota de rodapé do ponto 18.1. do presente §18.. A inalteração de regime consubstanciada pelo art. 294° Cód. Trabalho é anotada por P. Romano Martinez *in* P. Romano Martinez e Outros A., *Código do Trabalho Anotado*, 2ª ed., 2004, Coimbra (Almedina), pág. 455.

18.2. Acidente em que a vítima beneficie de seguro automóvel não obrigatório: seja de seguro de danos próprios, seja de cobertura de (acidentes pessoais de) pessoas transportadas

Seguro de danos próprios

99. Nos termos do n° 2 do art. 51° DL 291/2007, "*Se o lesado (...) beneficiar da cobertura de um contrato de seguro automóvel de danos próprios, a reparação dos danos (...) que sejam subsumíveis nos respectivos contratos incumbe às empresas de seguros, ficando a responsabilidade do Fundo limitada ao pagamento do valor excedente.*" (cf. também o n° 6 do mesmo).

Trata-se, como se disse, de uma solução no sentido da afirmação do carácter subsidiário da intervenção ressarcitória do FGA na regularização dos sinistros automóvel, e vigorosa – pois que fá-lo abatendo a ligação do dever de reparação da seguradora a uma responsabilidade civil (*i.e.*, independentemente do veículo cujo seguro deve reparar ter sido o causador do acidente), aproximando-se de alguma forma portanto a um sistema de indemnização automática, do género do francês.[169]

É todavia mais exigente que a solução francesa, pois que exige a circunstância de relativamente ao veículo vitimado existir cobertura de danos próprios (enquanto que a solução francesa limita-se a exigir a implicação no acidente da circulação de um veículo sujeito à obrigação de SRCA[170]).

---

[169] Para este aspecto da lei francesa, cf. a 1ª nota de rodapé do §8. *supra*. Aí se remete para publicação com o elenco dos sistemas ressarcitórios de RCA dos 27 Estados membros da UE da perspectiva do relevo da culpa.

[170] Se qualquer um dos veículos implicados tem seguro (de RCA), é a respectiva seguradora responsável pela reparação (*vide* rodapé cit. no rodapé anterior). Se nenhum deles tem seguro, é o Fundo de Garantia o responsável pela reparação. Estas soluções mantêm-se aplicáveis caso o acidente se deva a incêndio do veículo estacionado na via pública. Mas são afastadas (sendo então aplicáveis as regras gerais da responsabilidade civil – *não* automóvel) quando o acidente se deva predominantemente à respectiva função industrial ou agrícola ("de instrumento", por oposição à função-locomoção; oposição do género da ora consagrada no n° 4 do art. 4° DL 291/2007, comentado no §9. *supra*).

No sentido da presente desactualização da perspectiva de uma provável expansão dos sistemas *no-fault* ao nível dos direitos nacionais europeus ["(...) *the combination of tort law and liability insurance lies in a much safer harbour today than 30 years ago. Its replacement by a comprehensive scheme of first-party insurance within the foreseeable*

Mas é menos exigente do que uma solução p.e. do género da da lei belga, que exige sempre uma responsabilidade civil de base associada a uma obrigação de reparação que vá além dos estritos termos fixados para a reparação na lei da responsabilidade civil: *"Par dérogation au 7º) du paragraphe précédent* [que fixa a obrigação de indemnização pelo respectivo FGA no caso de acidente causado por *responsável desconhecido*], *si plusieurs véhicules sont impliqués dans l'accident et s'il n'est pas possible de déterminer lequel de ceux-ci a causé l'accident, l'indemnisation de la personne lésée est répartie, par parts égales, entre les assureurs couvrant la responsabilité civile des conducteurs de ces véhicules, à l'exception de ceux dont la responsabilité n'est indubitablement pas engagée."* (art. 19 *bis*-11, § 2, da *loi du 21 novembre 1989*).

100. Não sendo o funcionamento do seguro de danos próprios devido, neste caso, a causa imputável ao segurado, mas a contribuição *ex lege* para o bem social do ressarcimento dos danos da circulação automóvel causados por responsável desconhecido ou sem seguro, cabe não onerar o tomador do seguro com o aumento do prémio, ao contrário do que poderia razoavelmente ser ditado pelo funcionamento normal desse contrato de seguro (nº 6 do art. 51º). E prevendo a lei o direito da seguradora pedir o reembolso do que houver pago contra o responsável civil e também o obrigado ao seguro (nº 4 *idem*).

Por fim, recorde-se que, nos termos do art. 92º DL 291/2007, a quase totalidade do 'Regime de regularização dos sinistros' (Cap. III do Tít. II desse diploma) "(...) *aplica-se aos contratos de seguro automóvel que incluam coberturas facultativas relativas aos danos próprios sofridos pelos veículos segurados, desde que os sinistros tenham ocorridos em virtude de choque, colisão ou capotamento*", o que, naturalmente, é devido também na presente sede.

Cobertura de pessoas transportadas

101. Nos termos do nº 5 do art. 51º DL 291/2007, "*O lesado* (...) *não pode cumular as indemnizações a que tenha direito a título de responsabilidade civil e de beneficiário de prestações indemnizatórias ao abrigo de seguro de pessoas transportadas.*".

---

future in any European jurisdiction is higly unlikely."], vide, v.g., a informada síntese de Bernhard A. Koch, "Mainstreams in the development of European tort law: A front-line snapshot", *The Geneva Papers on Risk and Insurance – Issues and Practice*, vol. 31, n. 2, Apr. 2006, págs. 270 ss., de que se citou a 290.

Trata-se de uma cobertura de um seguro de pessoas, seja de acidentes pessoais, seja de vida.

Não deve ser confundido com uma cobertura de responsabilidade civil automóvel a favor das pessoas transportadas, que é um seguro de responsabilidade civil automóvel além do seguro obrigatório [destinado à transferência, para a seguradora, da responsabilidade civil para com as pessoas transportadas não transferida pela subscrição do seguro obrigatório – concretamente a responsabilidade objecto da exclusão prevista na al. *g)* do n° 1 do art. 14° e a responsabilidade objectiva referente aos danos delimitados negativamente nos n°s 2 e 3 do art. 504° CC[171]].

102. Até à entrada em vigor da alteração ao art. 504° CC efectuada pelo DL 14/96, de 6 Mar. (em transposição da 3ªDSA) as pessoas transportadas só eram beneficiárias da responsabilidade civil automóvel subjectiva. A alteração de 1996 ao art. 504° CC veio prever em seu benefício também a responsabilidade objectiva, embora com limitações, especialmente no caso de transporte gratuito.

Estendendo a obrigação civil de responsabilidade civil automóvel, o DL 19/96 estendeu *ipso facto* o âmbito da cobertura do SORCA, em razão do que chamaremos de "princípio da conformação absoluta deste seguro obrigatório aos contornos da responsabilidade civil automóvel, com tão-somente as excepções previstas no DL 291/2007 (então DL 522/85)".[172]

Naturalmente que desde essa alteração do CC, o incentivo à contratação de coberturas de seguro a favor das pessoas transportadas desceu de forma relevante.

No caso da subscrição do chamado "seguro de ocupantes" – modalidade de seguro de acidentes pessoais onde as coberturas em benefício das pessoas transportadas surgem a par da cobertura dos danos corporais do condutor (cf. art. 14°/1 DL 291/2007) – ganhou então relevo relativo a utilidade do mesmo referente à cobertura do condutor.

---

[171] E que são concretamente os danos em coisas não transportadas com a pessoa e os danos indirectos (cf. arts. 495°/2 e 3 e 496°/2 CC), a que se somam, no caso de transporte gratuito, ainda os danos em coisas transportadas com a pessoa.

[172] Princípio decorrente do previsto no art. 4°/1 do DL 291/85 (e antes do art. 1°/1 do DL 522/85), e cuja previsão, anote-se, releva da liberdade dos Estados membros (art. 3°/1 da 1ªDSA, em especial a 2ª parte, sem prejuízo, naturalmente, do conteúdo mínimo do SORCA fixado pela lei comunitária, onde releva o previsto precisamente na 3ªDSA). Trate-se de conteúdo regulatório que ganhou consagração geral no Regime Jurídico do Contrato de Seguro (DL 72/2008, de 16 Abr.) relativamente aos seguros obrigatórios de responsabilidade civil (art. 146°/3).

103. Como referem os trabalhos preparatórios do diploma de 2007 "(...) *a disposição em causa constitui um afloramento do princípio indemnizatório (art. 435° CCom), não pondo em causa a percepção da prestação pagável pelo FGA em cumulação com prestações forfetárias pagáveis por seguradoras.*"[173], prestações forfetárias estas que constituirão de resto a maioria das somas pagas pelas seguradoras ao abrigo da cobertura de pessoas transportadas.[174]

A repetição – abstractamente redundante, pois que o princípio indemnizatório, ainda que afirmado em sede longínqua, não pode deixar de ser aplicável neste caso – do princípio indemnizatório nesta sede compreender-se-á à luz de um propósito pedagógico do legislador, mas o facto é que este poderia ter sido mais consequente com o propósito de diminuição das intervenções ressarcitórias do FGA quando o ressarcimento possa ser obtido por meio do accionamento da cobertura de pessoas transportadas se tivesse estendido ao caso a previsão do n° 6 do art. 51° (vedação do aumento do prémio da cobertura).

Não é certamente o direito de regresso dos seguradores (previsto no n° 6 do mesmo art. 51°) que os levará a, designadamente por razões de concorrência, desvanecerem o aumento do prémio em razão dessa circunstância[175].

104. Por fim, refira-se que o 'Regime de regularização dos sinistros' (Cap. III do Tít. II do DL 291/2007) deve ter-se por aplicável ao ressarcimento das pessoas transportadas (tanto pelas seguradoras quanto pelo FGA) por maioria de razão com o previsto no art. 92°

---

[173] Ponto II. 10. 3. do DCP 1/2007.

[174] J. Landel, *Manuel* ..., cit., pág. 177.

[175] Direito de regresso esse de que as seguradoras já dispõem genericamente, nos termos do art. 441° CCom (sub-rogação do segurador; cf. art. 136° do Regime Jurídico do Contrato de Seguro, DL 72/2008, de 16 Abr.), que, é certo, limita o seu âmbito subjectivo aos "*direitos do segurado contra terceiro causador do sinistro*", mas o facto é que o normal é ambas as qualidades, responsável civil e obrigado ao seguro, reunirem-se numa mesma pessoa; e, por outro lado, é sabido que o perfil sociológico do incumpridor-padrão da obrigação de seguro não prima pela liquidez patrimonial – donde não é o franquear do reembolso previsto no n° 5 do art. 51° que desincentivará as seguradoras de agravar os prémios das coberturas de pessoas transportadas em contrapartida da opção do lesado por essa via ressarcitória.

desse diploma. Tal aplicação far-se-á nos limites previstos nesse artigo, ou seja, "(...) *desde que os sinistros tenham ocorridos em virtude de choque, colisão ou capotamento*".

18.3. Acidente em virtude do qual o lesado tenha direito a prestações ao abrigo do sistema de protecção da Segurança Social

105. Nos termos do nº 3 do art. 51º do DL 291/2007, quando por virtude do acidente susceptibilizador da intervenção ressarcitória pelo FGA, "(...) *o lesado tenha direito a prestações ao abrigo do sistema de protecção da segurança social, o Fundo só garante a reparação dos danos na parte em que estes ultrapassem aquelas prestações.*".

106. Esta previsão faz com que a intervenção ressarcitória do FGA seja "apagada" na medida em que concorra com previsão ressarcitória da Segurança Social com origem no mesmo facto (acidente de viação).

Até ao montante devido nos termos da lei da Segurança Social, a instituição respectiva efectuará a prestação devida e terá depois direito de reembolso pelo montante previsto na respectiva lei, mas na medida em que a amplitude da sua intervenção tenha sido determinada pelo mecanismo previsto no nº 3 do art. 51º do DL 291/2007, a amplitude do direito de regresso é a fixada no nº 4 do mesmo artigo (que abrange o responsável civil do acidente *e o obrigado ao seguro, que respondem solidariamente*).

Não haverá lugar a reembolso no caso do acidente de viação ser devido a responsável desconhecido.

107. No caso da prestação da Segurança Social ser a título de invalidez, há que atender ao regime fixado nos arts. 6º a 9º do DL 187/2007, de 10 Mai.[176]: havendo um terceiro responsável pelo facto

---

[176] Regime de protecção nas eventualidades invalidez e velhice dos beneficiários do regime geral de segurança social.

determinante da invalidez, aquela só procederá ao pagamento das prestações sociais na parte da reparação para lá da indemnização por perda de capacidade de ganho; a reparação da perda de capacidade de ganho fica a cargo do terceiro responsá-vel (art. 6º).

Se, não obstante tal subsidiariedade da responsabilidade da Segurança Social, esta deveras efectuar pagamento de prestações – para, p.e., poupar o lesado às agruras do eventual prolongamento de eventual litígio sobre a responsabilidade do terceiro[177] –, terá direito ao reembolso do que houver pago mas que era devido pelo terceiro responsável (art. 7º do DL 187/2007 e art. 70º da Lei 4/2007, de 16 Jan.[178]).

108. A conjugação de ambos os regime é pois a seguinte: no caso de acidente de viação devido a responsável conhecido que não beneficie de seguro válido e eficaz e que em virtude do qual, em simultâneo, o lesado tenha direito a prestação social a título de invalidez, este tem direito a ser pago pela instituição da Segurança Social pela integralidade do montante que esteja correspondentemente previsto na lei da Segurança Social.

Se o montante devido a título de responsabilidade civil automóvel for superior a esse montante, é o FGA responsável por esse montante.

Sendo que pela totalidade paga pela instituição da Segurança Social ao lesado esta goza de direito de regresso nos termos do previsto no art. 51º/4 do DL 291/2007, que não meramente dos termos dos art. 7º do DL 187/2007 e art. 70º da Lei 4/2007.

(Sendo o acidente de viação devido a responsável desconhecido, á aplicável o referido nos penúltimo e ante-penúltimo §§).

---

[177] Pois como refere a propósito Ilídio das Neves, *Direito da Segurança Social*, 1996, Coimbra (Coimbra Ed.), pág. 488, "*Dir-se-ia que a segurança social intervém como fiadora da protecção privada regida pelo instituto jurídico da responsabilidade civil.*" Mais adiante o mesmo Autor caracteriza a mesma situação como significando que "(...) *a exclusão da responsabilidade compensatória da segurança social quando se verifica a possibilidade de ser definida a responsabilidade de terceiro não é absoluta, mas meramente relativa.*".

[178] Lei de aprovação das bases gerais do sistema de segurança social, de que o DL 187/2007, de 10 Mai., constitui desenvolvimento.

109. O regime dos arts. 6º a 9º do DL 187/2007 não desenvolve regime reforçado. Não desenvolve, nomeadamente, o previsto no art. 70º da Lei 4/2007, pelo que a sua conformação pelo previsto no art. 51º/3 do DL 291/2007 não fere o princípio da legalidade.

§19. Exclusão do âmbito da garantia do FGA de categorias atinentes ao incumprimento da obrigação de seguro

110. Relativamente ao direito anterior (o art. 24º do DL 522/85), o art. 52º do DL 291/2007, para lá de uma formulação mais clara da aplicação ao FGA das exclusões gerais previstas para o SORCA (no nº 1), e num evidente propósito de combate ao incumpri-mento da obrigação de SRCA, veio agora excluir da garantia do FGA (no nº 2):

– seja os danos materiais causados aos incumpridores dessa obrigação (categoria da qual, recorde-se, estão arredados o condutor e o detentor não proprietários do veículo)[179] [al. a)] [180];

– seja, aproveitando expressa permissão comunitária de 1985[181], os danos (materiais e corporais) dos passageiros que voluntariamente se encontrem no veículo causador do acidente, sempre que o Fundo prove que *tinham conhecimento* de que o veículo não estava seguro [al. b)].

111. O regime belga parece é de alcance mais ambicioso, excluindo também, entre outros, os danos (materiais e corporais) seja dos condutor e detentor que conhecessem a falta de seguro, seja de administradores, gerentes ou sócios

---

[179] É portanto tido como *a priori* razoável o desconhecimento da falta de seguro da parte dos condutor e detentor não proprietários.

[180] Opção legislativa que, tanto quanto sabemos, não é frequente no direito comparado próximo (sem prejuízo de um igual ou superior vigor no combate ao incumprimento da obrigação de segurar), embora, além da lei belga a seguir referida no texto, já tenhamos visto referida a lei ucraniana como exemplo de ordenamento jurídico "(...) *où l'automobiliste victime d'un accident de circulation n'est pas indmnisé s'il n'est pas assuré.*", relato do VII Colóquio de Trier (18-20 Out. 2006) sobre o Direito da Circulação Rodoviária, in *La Tribune de l'Assurance*, nº 98, fév. 2006, pág. II, col. 2ª do Suplemento.

[181] Art. 1º/4, 3º §, 2ªDSA.

de pessoas colectivas proprietárias ou detentoras de veículos sem seguro implicados no acidente.[182]

§20. Reforço da garantia de reembolso do FGA

112. Art. 54º DL 291/2007.
Ressarcindo o lesado, o FGA fica *ex lege* subrogado nos direitos deste contra o responsável (conhecido e sem seguro) do acidente, por equiparação com a situação prevista no art. 441º CCom, como é razoável e, julga-se, comum no direito comparado próximo.[183]

Mas, para além deste direito contra o responsável civil, o DL 291/2007 veio ainda prever a responsabilidade solidária dos detentor, proprietário e condutor "(...) *do veículo cuja utilização causou o acidente, independentemente de sobre qual deles recaia a obrigação de seguro*" (nº 3 do art. 54º).

Teria sido em rigor despiscienda uma tal previsão se no nº 1 o legislador claramente tivesse estabelecido que (como não pode deixar de ser[184]) os direitos do lesado nos quais o FGA se sub-roga são os direitos contra o responsável civil (e não contra o obrigado ao seguro) – sendo então a solidariedade devida nos termos do art. 497º CC.[185]

---

[182] Aspecto da lei objecto de alteração em 2003, cf. art.21º, § 2º, *Arrêté royal 11 juillet 2003*, que, segundo parece, terá expurgado da exclusão os danos materiais dos cônjuges das pessoas referidas no texto (bem como do proprietário do veículo e do tomador do seguro), assim como os respectivos parentes e afins em linha directa, se habitando no mesmo tecto e dependentes dos primeiros – segmento este da exclusão que a doutrina dava como "(...) *plus que probablement contraire aux principes d'égalité et de non-discrimination.*" (P. Colle, cit., pág.183).

[183] Nos casos em que o FG, como sucede p.e. em Espanha, além da função de último recurso para o ressarcimento das vítimas automóvel (= ressarcimento no caso de falta de seguro ou de responsável desconhecido, e de insolvência da seguradora, tenha ainda uma função de seguradora de certos riscos (como a RCA de veículos do Estado), cabe muito naturalmente aplicar-lhe, nesse 2º âmbito de actuação, o direito de regresso da seguradora, que na lei portuguesa tem assento no art. 27º.

[184] Pois que, julgamos, a razão última, a razão substancial, da intervenção do FGA é a RCA, e não a não existência de seguro ou o desconhecimento do responsável.

[185] Assim, p.e., as leis belga ("*la personne responsable*", art. 19*bis*-15, 3º §, *loi 21 nov. 1989*) e francesa ("*le débiteur de l'indemnité*", art. R.421-16, §§ 1º e 2º).

Solução alternativa teria sido o n° 1 claramente prever sub-rogação nos direitos do lesado contra o responsável civil *e* o obrigado ao seguro[186], caso em que o art. 497° CC já não teria sido suficiente e, portanto, justificava-se a previsão *ex professo* da solidariedade.

Donde, por um argumento de preservação da utilidade da expressa menção da solidariedade no n° 3 do art. 54°, teremos de concluir no sentido de que os direitos do lesado a que se refere o n° 1 do mesmo são os direitos contra o responsável civil *e* o obrigado ao seguro.

113. Mais do que isso, e em uma musculação de regime que supomos inusitada ao nível do direito comparado próximo, o n° 4 do art. 54° veio estabelecer a responsabilidade subsidiária pelo reembolso ao FGA dos "(...) *que tenham contribuído para o erro ou vício determinante da anulabilidade ou nulidade do contrato de seguro e ainda* [d]*o comerciante de veículos automóveis que não cumpra as formalidades de venda relativas à obrigação de seguro de responsabilidade civil automóvel*." (cf. também art. 80°/8 mesmo diploma).

A primeira daquelas 2 previsões reportar-se-à centralmente à situação em que o mediador de seguros interveniente na contratação do seguro tem um comportamento fomentador ou conivente com uma declaração inexacta do risco por forma a baixar o prémio devido ou mesmo garantir a aceitação do risco (caso típico, p.e., do veículo da propriedade do pai, que se declara condutor habitual, sendo que é o filho o condutor habitual).[187]

Tratando-se de responsabilidade "subsidiária", só é accionável na medida em que o património dos obrigados de 1ª linha seja insuficiente para o integral reembolso do FGA.

---

[186] Assim, p.e., a lei espanhola (*"el proprietario y el responsable del accidente"*, art. 32/2, *initio*, *Real Decreto 7/2001, 12 enero*).

[187] Cf. §17-A *supra*.

Não pode deixar de anotar-se que a superveniência do previsto na al. *d)* do n° 3 do art. 24° do Regime Jurídico do Contrato de Seguro (DL 72/2008, de 16 Abr.) veio tornar redundante o previsto no cit. n° 4 do art. 54° do DL 291/2007 relativamente a mediadores *não independentes* (mediadores de seguros que devam não considerar-se "representantes" do segurador para os efeitos do previsto nesse n° 3).

E para o caso de pluralidade de devedores é devida aplicação do regime da conjunção, na falta de previsão legal noutro sentido (art. 513º CC) – pois que a lei não prevê, julgamos, que os devedores "subsidiários" integrem exactamente a situação jurídica dos devedores prioritários relativamente ao credor, numa como que "sub-rogação do lado passivo". E, por outro lado, não se tratando de responsabilidade civil automóvel a responsabilidade prevista nesse nº 4 do art. 54º, não lhes parece aplicável o previsto nos arts. 497º/1 e 507º CC, na falta de disposição legal expressa nesse sentido, como é o caso.[188]

E a repartição da responsabilidade conjunta entre os diversos obrigados a título subsidiário far-se-á obrigado a obrigado, nada autorizando o intérprete, parece-nos, a ver na previsão do nº 4 uma repartição categoria a categoria (em que, existindo factos subsumíveis em ambas as hipótese de facto desse nº 4, metade do reembolso seria efectuado pelas entidades subsumidas na 1ª previsão, os contribuintes para o erro, e a outra metade pelas entidades subsumidas na 2ª, os comerciantes).

114. Adicionalmente, no mesmo sentido do reforço da garantia de reembolso do FGA, o nº 6 do art. 54º veio consagrar o entendimento do STJ[189] segundo o qual o prazo de prescrição desse direito do FGA começa a correr a partir da data do último pagamento indemnizatório efectuado pelo Fundo, e não a partir da data do acidente.

Este nº 6, assim, ao aplicar ao direito de sub-rogação do FGA o regime do direito de regresso previsto no art. 498º/2 CC determina *ipso facto* que a principal diferença entre tal direito de sub-rogação e o direito de regresso das seguradoras (fixado no art. 27º DL 291/2007) fique a ser apenas a de que no direito de sub-rogação (porque há a transmissão do crédito que o lesado tinha sobre o responsável para a esfera jurídica do sub-rogado, o FGA) há a transmissão das garantias e dos outros acessórios da esfera jurídica do lesado para a do FGA (o direito transmite-se "de armas e bagagens", diz Antunes Varela cit. pelo STJ), ao contrário do que sucede com o direito de regresso, onde há lugar à constituição,

---

[188] Sem prejuízo de entendermos ser a solução contrária, portanto a da aplicação analógica dos arts. 497º/1 e 507º CC, a solução preferível *de iure constituendo*.

[189] Compendiado no Ac. 02A4110 (Garcia Marques), de 21 Jan. '03 (*v.* também *CJ*, I-STJ-2003, págs. 39 ss.).

na esfera jurídica da seguradora, de um direito novo relativamente ao direito do lesado sobre o responsável pelo acidente, e portanto o direito da seguradora não vem fornecido das "armas e bagagens", *i.e.*, das garantias e outros acessórios do direito do lesado sobre o responsável.

§21. Alterações em sede de gestão financeira do FGA

115. A principal alteração nesta matéria – matéria que claramente vai além do conjunto de matérias (e que são as matérias essencialmente jurídicas, sendo que a presente é essencialmente financeira) que nos propusemos abordar no presente trabalho[190] – foi a trazida ao regime das receitas do FGA, concretamente à receita constituída pela chamada "contribuição para o FGA" pelos nºs 1, *a)* e *b)*, 2 a 6 e 8 do art. 58º DL 291/2007.

A contribuição para o FGA incidente sobre a actividade seguradora automóvel passa a incidir sobre os prémios comerciais relativos à cobertura obrigatória de responsabilidade civil automóvel, e não já (como até aqui) sobre os prémios simples da totalidade dos contratos do ramo "Seguro automóvel"[191]. Esta alteração só entrará em vigor relativamente às contribuições cobradas[192] a partir de 1 de Janeiro de 2008.

O fim desta alteração à base de incidência da contribuição é o do incremento da justiça relativa (pois que o FGA só paga indemnizações nos termos dos limites do seguro obrigatório), tornado agora indispensável em face da oneração da seguradora de danos próprios trazida pelo art. 51º/2 (cf. ponto 18.2., 1ª parte, *supra*).

A excepção a esta alteração à base de incidência da "contribuição para o FGA" é a parte da contribuição destinada à prevenção rodoviária, que continua a incidir nos prémios de todos os contratos do ramo "Seguro automóvel".

---

[190] *V.*, recentemente, R. M. Fernandes Ferreira e J. R. B. Parreira Mesquita, "As taxas de regulação económica no sector dos seguros", in S. Vasques (Coor.), *As taxas de regulação económica em Portugal*, 2008, Coimbra (Almedina), págs. 453 ss..

[191] Cf. art. 128º, *b*), DL 94-B/98, 17 Abr..

[192] "*Aos prémios processados no ano de 2007 e aos prémios a processar relativos aos contratos de seguro cujos avisos para pagamento sejam enviados ao tomador do seguro até 31 de Dezembro de 2007, é aplicável (...)*" o regime anterior, cf. art. 6º NoISP 15/2007-R, 25 Out., in *DR*, 221, II, E, 16 Nov. 2007, p. 33435.

116. Nesta sede, cabe ainda anotar a relevante densificação dos procedimentos de cobrança da taxa, bem como de garantia da transparência da mesma para os tomadores do seguro resultante dos n°s 4 e 5 do art. 54º.

§22. Regime especial de apreensão e venda do veículo sem seguro em caso de acidente

117. Como se começou por aludir (no ponto 2. *supra*), durante parte significativa do percurso público do projecto do que viria a ser o DL 291/2007 constou, como "Secção III – Apreensão e venda de veículos em caso de acidente" do "Cap. IV – Garantia da reparação de danos na falta de seguro obrigatório".

O relevo que o projectado legislador dava a esse concreto regime era de molde a dar a sua ideia-vector (o do aumento da eficácia do controlo da obrigação de segurar) como um dos vectores de base do todo da intervenção legislativa projectada, ao lado do incremento da protecção das vítimas da circulação automóvel e dos tomadores de seguro e segurados e da concentração do FGA no serviço do seu fim identitário.

O projecto de preâmbulo do projecto de diploma relevava-o com a seguinte menção:

> *"Relativamente ao vector-aumento da eficácia do controlo do cumprimento da obrigação de segurar, é o mesmo prosseguido principalmente pelo novo regime de apreensão e venda do veículo sem seguro em caso de acidente, bastante mais rigoroso e circunstanciado que o previsto no Decreto-Lei nº 522/85, de 31 de Dezembro, e que, relativamente ao actualmente aplicável (o dos números 6 e 7 do artigo 162º do Código da Estrada), tem a vantagem da preponderância do FGA no reboque e parqueamento do veículo apreendido, bem como na sua venda em leilão (regime cuja vigência se encontra dependente da prévia contratualização dos serviços de reboque e parqueamento indispensáveis à sua operacionalização).".*[193]

---

[193] Refira-se que o regime previsto no art. 32º/2 do DL 522/85 não chegou a entrar em vigor, por falta de regulamentação.

Tal regime em concreto ocupava os 4 arts. que constituíam a secção III[194], e a sua entrada em vigor, como aludido no preâmbulo cit., era sujeita à condição da "(...) *emissão da norma regulamentar do Instituto de Seguros de Portugal que aprove o conjunto de convenções a celebrar entre o Fundo de Garantia Automóvel e as entidades prestadoras de serviços de reboque e de parqueamento de veículos indispensáveis à operacionalização do regime aí previsto, bem como, caso necessário, entre o Fundo e as autoridades competentes nele previstas.*" (art. 9º/1 das versões do anteprojecto que acompanhou os 3 docs. públicos de elaboração que constituiram basicamente os procedimentos de consulta pública).

O regime envolvia uma evidente limitação do direito de propriedade, pelo que cabia colher a indispensável autorização da Assembleia da República[195], intenção do Governo que, como logo se disse, constituiu a última menção pública do concreto regime em questão.[196]

§23. Síntese final

118. Com a intervenção legislativa de 2007 prosseguiu a evolução no sentido da maior protecção dos terceiros lesados (acima de tudo, mas também dos tomadores de seguro e segurados) que tem sido constante ao longo da evolução legislativa do sSORCA.

---

[194] Cujas epígrafes eram, respectivamente, "Apreensão do veículo", "Venda do veículo", "Veículo conduzido ou detido sem autorização do proprietário" e terminando prudentemente (por forma a designadamente evitar os problemas que as autoridades britânicas tiveram com as autoridades húngaras na aplicação de regime aproximado) com o artigo final de exclusão dos veículos "*com estacionamento habitual em país que não Portugal cujo gabinete nacional de seguros tenha aderido ao Acordo entre os serviços nacionais de seguros*" [cf. art. 3º/1, *d*), do DL 291/2007].

[195] Tratando-se o direito de propriedade privada de um direito fundamental de natureza análoga aos direitos, liberdades e garantia, está abrangido pela reserva relativa de competência legislativa da Assembleia [arts. 17º e 165º/1, *b*), da CRP].

[196] Cf. o "Comunicado do Conselho de Ministros de 21 de Junho de 2007" no portal do Governo.

A institucionalização do SORCA, recorde-se, projectada desde 1935, e prevista desde 1975, viria a ocorrer a 1 Jan. **1980**,[197] tendo naturalmente desde logo como preocupação cimeira a protecção das vítimas da circulação automóvel, e, note-se, já envolvendo a existência do FGA, o "2º pilar" do sistema, na designação do preâmbulo do diploma de 2007[198].

Em **1986** (DL 522/85, de 31 Dez.) entrou em vigor o regime objecto da revisão de 2007, tendo então sido marcante o aumento da protecção dos terceiros vítimas da circulação automóvel, seja *em termos quantitativos* (o aumento dos capitais mínimos obrigató-

---

[197] Cf. o preâmbulo do DL 408/79, de 25 Set., diploma cuja aplicação determinou o início da vigência do SORCA em Portugal, onde começa por referir-se que desde 1935 "(...) *muitos outros projectos foram elaborados* [tendentes à institucionalização do SORCA], *mas sem alcançarem consagração legal, até que, em 28 de Março de 1975, foram finalmente publicados o Decreto-Lei nº 165/75, que estabelecia a obrigatoriedade daquele seguro, e o Decreto-Lei nº 166/75, que aprovava o regulamento respectivo.*", conjunto de diplomas que todavia não chegaram a entrar em vigor, nos termos também ali mencionados.

O regime de 1979 teve a particularidade do legislador assumir frontalmente o seu carácter provisório, aperfeiçoável a breve trecho. Só que, "*Entre o aguardar-se o momento de se poder instituir um sistema mais aperfeiçoado, continuando sem se impor a obrigatoriedade do seguro, e o criar-se desde já um sistema que, apesar de insuficiente, é já, de qualquer modo, um sistema de seguro obrigatório, optou-se por esta última solução.*".

Entre os **projectos de institucionalização do SORCA anteriores a 1975** contam-se, pelo menos: o projecto do Deputado Saudade e Silva, apresentado à Assembleia Nacional no final de 1935, e por esta rejeitado no ano seguinte; que igualmente rejeitou o contra-projecto do Prof. Mário de Figueiredo; o projecto apresentado em 1963 pela Comissão de Estudo nomeada por Portaria de 28 Jun. 1962; e o ante-projecto elaborado pelo Prof. Vaz Serra para ser incluído no que viria a ser o Código Civil de 1966 (cf. *Relatório da Comissão de Estudo dos problemas relacionados com a adopção do seguro obrigatório de responsabilidade civil resultante de acidentes causados por veículos*, de 4 Mar. 1963, bem como Grémio dos Seguradores, *O Seguro do ramo automóveis (Alguns elementos de informação)*, 1967.

O primeiro país **a adoptar o SORCA** foi a DIN, em 1918. Seria instituído no R.U em 1930, na BÉL em 1957 (diploma de 1956), em FRA em 1959 (diploma do mesmo ano), em ESP em 1965 (diploma de 1962, cuja entrada em vigor foi sendo sucessivamente adiada) e em ITÁ em 1970 (diploma de 1969); para uma perspectiva histórica da discussão em torno da sua adopção, cf., p.e., L. F. Reglero Campos, cit., págs. 221 ss.. O Direito Comunitário, recorde-se, obrigou à instituição do SORCA até, o mais tardar, o último dia de 1973 (arts. 3º e 8º da 1ªDSA).

[198] A instituição do FGA resulta do Decreto Regulamentar 58/79, de 25 Set.. Ao nível do Direito Comunitário a sua instituição está prevista no art. 1º/4 da 2ªDSA (de 1983), cujas disposições nacionais de transposição teriam de entrar em vigor, o mais tardar, até ao último dia de 1988.

rios)[199], seja *pela extensão do âmbito de aplicação do sSORCA* (*i.e.*, das categorias de vítimas ou de danos que o mesmo passou a ressarcir) – extensão, ora da aplicação do todo do sistema[200] (onde sobressai a cobertura dos passageiros[201]), ora tão-só do pilar-FGA (caso da cobertura dos danos materiais decorrentes de acidente causado por responsável conhecido sem seguro válido e eficaz).

Mas aumento também da protecção conferida pelo sistema aos tomadores de seguro e segurados nas relações internas com a seguradora – enfoque onde sobressai o carácter a desde então *fechado* das previsões de direito de regresso das seguradoras (respectivo art. 19º[202]), solução que, p.e., o recente legislador espanhol de transposição da 5ªDSA indica como exemplo grado das alterações à respectiva lei do SORCA introduzidas extra-transposição.[203]

Em **2006** (DL 83/2006, de 3 Mai.) entrou em vigor o regime da 'Regularização dos sinistros automóvel', onde o incremento da protecção dos terceiros lesados (e também dos tomadores de seguro e segurados), aliás muito sensível em termos jurídicos, se fez pelo *incremento da qualidade da protecção conferida pelo sSORCA*, mormente dos apressamento e transparência dos procedimentos de regularização dos sinistros, em sede quer de SO quer do seguro facultativo.[204]

---

[199] Aliás objecto de sucessivas actualizações no decurso da vigência do DL 522/85, a última das quais em 2001.

[200] O princípio é o de que as vítimas que são objecto de acolhimento na protecção conferida pelo 1º pilar (o SORCA) são em princípio automaticamente acolhidas na protecção conferida pelo 2º pilar [as excepções são basicamente as previstas no, hoje, art. 52º/2 do DL 291/2007; e, supõe-se, à partida (por uma razão de prevenção de fraudes), também o caso do seguro inválido e ineficaz relativo a veículo em relação ao qual haja incumprimento da obrigação da inspecção periódica obrigatória].

[201] Cf. os 3º e 4º pontos do ponto 18.2. do §18. *supra*.

[202] Art. 27º do DL 291/2007. O art. 19º do DL 522/85 encerrou abundante jurisprudência em torno da medida da autonomia contratual admitida na matéria dos factos possibilitadores do regresso.

[203] É concretamente a 1ª das 3 alterações extra-transposição a merecer menção no preâmbulo da *Ley 21/2007, de 11 de julio*, "*Con el objetivo de reforzar el carácter de protección patrimonial para el tomador o asegurado, se limitan las posibilidades de repetición por el asegurador sobre ellos a las causas previstas en la Ley, com eliminación de la posibilidad de que el asegurador repita contra el tomador o asegurado por causas previstas en el contrato.*" (§ 2º do ponto III).

[204] Cf. os 2º e 3º pontos do ponto 3.1. do §3. *supra*.

119. Em 2007 (DL 291/2007, de 21 Ago.) o incremento da protecção dos terceiros lesados (e também dos tomadores de seguro e segurados) efectuou-se por variadas vias (consideradas apenas alterações do regime anterior):

- *quantitativamente*, pelo muito sensível aumento (faseado) dos capitais mínimos do seguro (cf. §2.);
- *pela extensão do âmbito de aplicação do sSORCA*: extensão *ora* da aplicação do todo do sistema (portanto tanto do SO quanto do FGA) – caso dos danos resultantes de acidentes da responsabilidade de veículos de caminhos de ferro que sejam rodoviários/ocorridos na intersecção dos carris com a via pública[205]; *ora* da aplicação apenas do pilar-SO – caso do contrato efectuado quanto a veículo em relação ao qual haja incumprimento da obrigação de inspecção periódica (para quem entenda que hoje se encontra vedada a aceitação de um tal risco, cf. §11.); *ora*, principalmente, da aplicação apenas do pilar-FGA – casos dos danos decorrentes de sinistro causado por veículo isento da obrigação de seguro em razão do veículo em si mesmo e dos danos materiais causados por sinistro com responsável desconhecido (cf. §4., respectivamente pontos 4.1. e 4.2.);
- *pelo incremento da qualidade da protecção conferida pelo sSORCA*, basicamente consubstanciado no alargamento do âmbito de aplicação do Regime da regularização dos sinistros (onde releva o Procedimento de oferta razoável; cf. §3.) e no novo regime da perda total (§13.); e também, indirectamente, no novo regime de acesso aos autos-de-notícia de acidentes de viação elaborados por autoridades públicas (§7.).

120. Situações próximas, mas rigorosamente não integráveis no elenco imediatamente anterior:

No caso dos danos causados por veículo à guarda de garagista que foram incorporados na cobertura do seguro do garagista e no seguro do proprietário, o que houve foi uma re-alocação, dentro do sSORCA, do concreto responsável

---

[205] Cf. os pontos 4º e 6º do §9. *supra*, onde designadamente se alude à dificuldade da destrinça apriorística dos acidentes rodoviários causados por veículos dos caminhos de ferro e os acidentes ocorridos na intersecção dos carris com a via pública.

pelo respectivo ressarcimento, e não a inclusão no sSORCA do que antes nele não estivesse abrigado (§10.).

O mesmo se diga nos casos do regime dos veículos importados e do regime das matrículas falsas, onde o que houve foi uma re-alocação internacional inter-FGA's do concreto responsável pelo ressarcimento dos danos causados pelos veículos nessas situações (pontos 4.3. e 4.4. do §4.).

Também no caso da explicitação do âmbito "Carta Verde" do SORCA o que houve foi uma clarificação da latitude da cobertura do SO já vigente, e não propriamente um alastramento do seu âmbito (§5.).

Por fim, o esclarecimento (no preâmbulo do DL 291/2007) de que o Regulamento (CE) 44/2001 do Conselho, de 22 Dez., permite ao lesado demandar a seguradora do responsável no seu (lesado) domicílio, não é matéria inovadora, embora pareça susceptível de aumentar a eficácia da solução jurídica em causa (§6.).

121. Em contraponto, no sentido da diminuição do âmbito de aplicação do sSORCA, a intervenção de 2007 clarificou a exclusão de riscos tidos por logicamente não cobertos já em face do DL 522/85, casos concretamente dos riscos alheios à função locomoção/transporte do veículo seguro e dos danos indirectos de correntes de danos corporais no condutor causador do acidente (cf. §9., respectivamente pontos 1º a 3º e 7º).

Outros sentidos de soluções consagradas pela lei de 2007, mas cuja relevância é tão-só pontual, são a desoneração procedimental das seguradoras resultante do alargamento das situações onde a prova do SO se pode fazer por meio de certificado provisório de seguro (§14.) e o contributo para a luta contra o álcool na estrada resultante do regime do direito de regresso da seguradora contra o condutor causador do acidente que esteja alcoolizado (§12.).

122. O incremento da protecção das vítimas da circulação automóvel, bem como a desoneração do FGA, *"concentrando-o no seu fim identitário"* de *"último recurso para o ressarcimento das vítimas da circulação automóvel"*, são deveras os sentidos predominan-tes da intervenção de 2007.

Caso o regime da apreensão e venda de veículos em caso de acidente, que integrou o projecto do que viria a ser o DL 291/2007 quase até final do processo legislativo, venha afinal a ser aprovado

(cf. §22.), pela sua relevância levará a que àqueles sentidos predominantes devamos aditar um terceiro, o do aumento da eficácia do controlo do cumprimento da obrigação de segurar.

123. Por diversas vezes aludimos ao propósito confessado no decurso dos procedimentos de consulta pública havidos na preparação do diploma de 2007[206] no sentido de que a revisão do regime de 1985/86 levada parcialmente a cabo em 2007 venha a prazo a abranger igualmente o *"regime do contrato de seguro previsto no diploma do sSORCA"*, tido por não ter sido objecto então da reponderação global que os mais de 10 anos de aplicação intensiva porventura justificariam.

Pelo que é possível que a prazo venham a ocorrer alterações também neste âmbito, nomeadamente em matéria de regime da prova do seguro e eventualmente suscitadas pela superveniência do novel Regime Jurídico do Contrato de Seguro (aprovado pelo DL 72/2008, de 16 Abr.).

Sendo que do lado do influxo comunitário em matéria de sSORCA não se divisa para já qualquer intenção institucional de apresentação de um qualquer projecto de "6ª Directiva", não obstante os apelos basicamente doutrinais nesse sentido.

Não será todavia de afastar peremptoriamente, augure-se, a possibilidade de, em um como que "refluxo" de eventual baixar de ambição no *dossier* comunitário de um "regime europeu dos contratos de seguro", e, bem assim, ajudado também pelo "arrumar da casa" sequente à consolidação das Directivas sobre o Seguro Automóvel[207] – não será de afastar a possibilidade de, p.e., a "Europa dos contratos" começar a registar evoluções precisamente ao nível do SORCA, p.e., pelo aumento do grau de harmonização do regime material deste contrato, que é, já hoje, a modalidade de contrato de seguro mais harmonizada ao nível da UE.

Recorde-se, a propósito, a Declaração da Comissão Europeia em matéria de acidentes de viação aquando da aprovação do Regula-

---

[206] *Vide*, p.e., o 1º ponto da al. *a*) do cap. II *supra*.
[207] Que, essa sim, é iniciativa institucional comunitária cujo desfecho estará decerto para breve.

mento Roma II, declarando-se "(...) *disposta a examinar os problemas específicos com que se confrontam os residentes da União Europeia envolvidos em acidentes de viação num Estado-Membro diferente do Estado-membro da sua residência habitual.*"; exame do qual resultará um estudo "(...) *sobre todas as opções, incluindo os aspectos relativos aos seguros, a fim de melhorar a posição das vítimas transfronteiras, e que antecederá a elaboração de um livre verde.*"[208]

Deste processo pode, p.e., resultar o reactivar da ponderação de eventual evolução, na matéria da lei aplicável à regularização dos danos causados por acidente de viação, para um sistema (parcial) de *lex damni*, em detrimento de um sistema puro de *lex loci delicti commissi*, como chegou a ser institucionalmente solicitado no âmbito do processo "Roma II".[209]

---

[208] 2ª Declaração anexa ao Regulamento CE 864/2007 do Parlamento Europeu e do Conselho de 11 Jul. 2007, relativo à lei aplicável às obrigações extracontratuais ("Roma II"), *JOUE* L 199, 31 Jul. 2007. Cf., a propósito, o já cit. estudo produzido para o Parlamento Europeu, A. Renda e L. Schrefler, "Il risarcimento delle vittime di incidenti stradali internazionale nell'UE ...", cit..

[209] Aludimos a este aspecto na parte final da 4ª nota de rodapé ao ponto 8. *supra*.

INDICE DAS DISPOSIÇÕES LEGAIS* PRINCIPAL.TE MENCIONADAS NOS §§ 1. A 23.

§1.		X
§2.		arts. 12º e 13º do DL 291/2007, 21 Ago.
§3.		Convenção de Haia de 4 de Maio de 1971
		DL 72-A/2003, 14 Abr.
		DL 83/2006, 3 Mai.
		arts. 31º-46º DL 291/2007
		arts. 70º-75º *idem*
§4.		art. 5º DL 291/2007
		art. 48º/1, *b*), *idem*
		arts. 48º/1, *c*), e 55º/3, *fine*, *idem*
		art. 49º/1, *c*), 1ª parte, e 2 *idem*
§5.		art. 10º (e art. 90º) *idem*
§6.		Regulamento (CE) 44/2001, do Conselho, 22 Dez.
		Convenção de Haia de 4 de Maio de 1971
§7.		art. 78º DL 291/2007
§8.	pontos 38. e 39.	art. 11º DL 291/2007
	ponto 40.	X
	ponto 41.	art. 20º DL 291/2007
	ponto 42	X
§9.		arts. 3º, 4º, 9º, 14º/1, *fine*, e 48º/1, corpo, DL 291/2007
§10.		arts. 6º/3, 7º, 23º, e 23º *idem*
§11.		arts. 17º e 27º/1, *i*), *idem*
§12.		art. 27º/1, *c*), *idem*
§13.		DL 83/2006
		art. 41º DL 291/2007
§14.		art. 29º/3 e 9 *idem*
§15.		arts. 16º/2 e 27º/2 *idem*
§16.		art. 49º/1, *c*), 2ª parte, e 3 *idem*
§17.		arts. 428º, § 1º, e 429º, CCom

---

* Apenas lei e decreto-lei e sede *supra*-legal.

	arts. 22° e 50°/1 DL 291/2007
§18. 18.1.	art. 31°/4 Lei 100/97, 13 Set.
	arts. 26° e 51°/1 e 4 DL 291/2007
18.2.	art. 504° CC
	art. 51°/2, 4 e 5 DL 291/2007
18.3.	art. 70° Lei 4/2007, 16 Jan.
	arts. 6°-9° Lei 187/2007, 10 Mai.
	art. 51°/3 DL 291/2007
§19.	art. 52° *idem*
§20.	art. 54° *idem*
§21.	art. 58° *idem*
§22.	X
§23.	X

ABREVIATURAS

1ªDSA	"*1ª Directiva do Seguro Automóvel*", 72/166/CEE do Conselho, 24 Abr. 1972, relativa à aproximação das legislações do Estados-membros respeitantes ao seguro de responsabilidade civil que resulta da circulação de veículos automóveis e à fiscalização do cumprimento da obrigação de segurar esta responsabilidade;
2ªDSA	"*2ª Directiva do Seguro Automóvel*", 84/5/CEE do Conselho, 30 Dez. 1983, relativa à aproximação das legislações do Estados-membros respeitantes ao seguro de responsabilidade civil que resulta da circulação de veículos automóveis;
3ªDSA	"*3ª Directiva do Seguro Automóvel*", 90/232/CEE do Conselho, 14 Mai. 1990, relativa à aproximação das legislações do Estados-membros respeitantes ao seguro de responsabilidade civil que resulta da circulação de veículos automóveis;
4ªDSA	"*4ª Directiva do Seguro Automóvel*", 2000/26/CE do Parlamento Europeu e do Conselho, 16 Mai. de 2000, relativa à aproximação das legislações do Estados-membros respeitantes ao seguro de responsabilidade civil que resulta da circulação de veículos automóveis e que altera as Directivas 73/239/CEE e 88/357/CEE do Conselho;
5ªDSA	"*5ª Directiva do Seguro Automóvel*", 2005/14/CE do Parlamento Europeu e do Conselho, de 11 de Maio de 2005, que altera as Directivas 72/166/CEE, 84/5/CEE, 88/357/CEE e 90/232/CEE do Conselho e a Directiva 2000/26/CE relativas ao seguro de responsabilidade civil resultante da circulação de veículos automóveis;
BÉL	Bélgica
CC	Código Civil
CCom	Código Comercial
CPP	Código do Processo Penal
CRP	Constituição da República Portuguesa
CV	carta verde

DC	dano(s) corporal(is)
DCP 4/2006	Documento de Consulta Pública 4/2006 (inserido no *site* do ISP a 21 Set. '06);
DCP 1/2007	"Documento de Ponderação de Resultados da Consulta Pública 4/2006/Documento de Consulta Pública 1/2007" (inserido a 3 Jan. '07);
DL	Decreto-Lei
DM	dano(s) material(is)
DPRCP 1/2007	"Documento de Ponderação de Resultados da Consulta Pública 1/2007" (inserido a 22 Jan.'07)
ESP	Espanha
FG	fundo de garantia
FGA	Fundo de Garantia Automóvel
FIN	Finlândia
FRA	França
GPCV	Gabinete Português de Carta Verde
ISP	Instituto de Seguros de Portugal
ITÁ	Itália
NoISP	Norma do Instituto de Seguros de Portugal
NOR	Noruega
R.U	Reino Unido
SNS	serviço nacional de seguros
SO	seguro obrigatório
SORCA	seguro obrigatório de responsabilidade civil automóvel
SRCA	seguro de responsabilidade civil automóvel
sSORCA	sistema do seguro obrigatório de responsabilidade civil automóvel

ANEXO 1

DECRETO-LEI N.º 291/2007
de 21 de Agosto [*]

A transposição da Directiva n.º 2005/14/CE, do Parlamento Europeu e do Conselho, de 11 de Maio, que altera as Directivas n.os 72/166/CEE, 84/5/CEE, 88/357/CEE e 90/232/CEE, do Conselho, e a Directiva n.º 2000/26/CE, relativas ao seguro de responsabilidade civil resultante da circulação de veículos automóveis («5.ª Directiva sobre o Seguro Automóvel»), constitui ensejo para proceder à actualização e substituição codificadora do diploma relativo ao sistema de protecção dos lesados por acidentes de viação baseado nesse seguro, que se justifica desde há muito.

O conjunto dessas alterações, ao fazer recair sobre o Fundo de Garantia Automóvel (FGA) parte fundamental da operacionalização do aumento de protecção dos lesados, bem como do aumento de eficácia do controlo do cumprimento da obrigação de segurar, reforça a conveniência de acentuar o carácter do Fundo como de último recurso para o ressarcimento das vítimas da circulação automóvel, concentrando-o no seu fim identitário, por forma a libertá-lo para o acréscimo de tarefas.

O vector do aumento da protecção dos lesados de acidentes de viação assegurada pelo sistema do seguro obrigatório de responsabilidade civil automóvel, adiante designado por sistema SORCA, enforma diversas matérias ao nível de ambos os pilares do sistema (o pilar-seguro obrigatório e o pilar-FGA).

Nesta sede releva especialmente a actualização dos capitais mínimos do seguro obrigatório, através de um processo faseado que, atenta a realidade nacional, se pretendeu suave e progressivo, quer seja por um período de transição de cinco anos, quer pelos limites máximos de capital por sinistro.

Relevante é ainda a extensão da cobertura dos danos materiais pelo FGA nos sinistros causados por responsável desconhecido, sendo que ao caso previsto na directiva (ocorrência de danos corporais significativos), o legislador nacional, por analogia de razão (improbabilidade da fraude), veio prever um outro, o do abandono do veículo causador do acidente sem seguro no local do acidente em determinadas circunstâncias.

---

[*] Objecto da Declaração de Rectificação 96/2007, de 15 Out., in *DR*, 1ª série, 202, de 19 Out., cujo teor foi inserido no texto. A introdução, pelo DL 153/2008, de 6 Ago., dos n.os 7 a 9 no art. 64º foi igualmente introduzida no texto.

Saliente-se, também, na sequência da transposição parcial da 5.ª Directiva pelo Decreto-Lei n.º 83/2006, de 3 de Maio – designadamente do aí previsto alargamento do «procedimento de proposta razoável» à generalidade dos acidentes de viação ocorridos em Portugal –, a extensão, agora, do âmbito do regime de regularização de sinistros previsto nesse diploma aos sinistros com danos corporais. É de referir, ainda, a extensão do regime do Decreto-Lei n.º 83/2006 aos sinistros cuja regularização esteja atribuída ao FGA ou ao Gabinete Português de Carta Verde.

No presente vector das soluções centradas no aumento da protecção dos lesados, releve-se também a responsabilização do FGA pelas indemnizações decorrentes de acidentes rodoviários causados por veículos cujos responsáveis pela circulação estão isentos da obrigação de seguro em razão do veículo em si mesmo.

Por outro lado, optou-se por não consagrar de forma expressa na lei nacional a disposição da 5.ª Directiva que obriga à cobertura pelo seguro obrigatório de «passageiros que conheciam ou deviam conhecer que o condutor causador do acidente estava alcoolizado, ou sob o efeito de outra substância tóxica», pois que tal cobertura emerge da não previsão dessa hipótese de facto no elenco taxativo das exclusões admitidas pela lei.

É ainda de mencionar a exclusão da garantia do FGA dos danos materiais sofridos por incumpridores da obrigação de segurar, bem como pelos passageiros que voluntariamente se encontrem no veículo causador do acidente, neste caso se o Fundo provar que tinham conhecimento de que o veículo não se encontrava seguro.

Em relação ao regime financeiro aplicável ao FGA, releva a alteração introduzida na base de incidência da contribuição sobre a actividade seguradora automóvel, que passa a ser cobrada sobre os prémios comerciais dos contratos do seguro obrigatório, com excepção da parte destinada à segurança rodoviária, que continua a incidir sobre todos os prémios dos contratos do «Seguro automóvel».

No que respeita aos montantes que anualmente vinham sendo e continuarão a ser destinados à prevenção rodoviária, embora a base de incidência, o montante das verbas e as condições da sua transferência se mantenham, aproveitou-se a oportunidade para proceder à simplificação da sua forma de cálculo.

Por fim, no caso de pluralidade de seguros envolvendo seguros de garagista e de proprietário, optou-se por onerar a empresa de seguros do garagista, e não a do proprietário, pelo entendimento de que, nesses casos, é mais justo o agravamento do prémio daquele seguro.

Também o regime do direito de reembolso do FGA sofreu alterações de relevo, aconselhadas pela prática.

A interpretação efectuada na 5.ª Directiva do Regulamento CE n.º 44/2001, do Conselho, de 22 de Dezembro (relativo à competência judiciária, ao reconhecimento e à execução de decisões em matéria civil e comercial) não carece de ser vertida na lei nacional, pois que o regulamento é directamente aplicável. Trata-se, concretamente do reconhecimento de que esse regulamento permite ao lesado por acidente de viação demandar judicialmente a empresa de seguros de responsabilidade civil do responsável no Estado membro do domicílio do lesado.

Foi ouvida a Comissão Nacional de Protecção de Dados e o Conselho Nacional do Consumo.

Foram ainda ouvidas a DECO, Associação Portuguesa para a Defesa dos Consumidores e a Associação dos Consumidores da Região Autónoma dos Açores.

Foram ouvidos, a título facultativo, o Instituto de Seguros de Portugal e a Associação Portuguesa de Seguradores.

Assim:

Nos termos da alínea a) do n.º 1 do artigo 198.º da Constituição, o Governo decreta o seguinte:

TÍTULO I
Objecto e alterações legislativas

CAPÍTULO I
Objecto

Artigo 1.º
Objecto

O presente decreto-lei aprova o regime do sistema do seguro obrigatório de responsabilidade civil automóvel e transpõe parcialmente para a ordem jurídica interna a Directiva n.º 2005/14/CE, do Parlamento Europeu e do Conselho, de 11 de Maio, que altera as Directivas n.os 72/166/CEE, 84/5/CEE, 88/357/CEE e 90/232/CEE, do Conselho, e a Directiva n.º 2000/26/CE, relativas ao seguro de responsabilidade civil resultante da circulação de veículos automóveis.

CAPÍTULO II
Alterações legislativas

Artigo 2.º
Alteração ao Decreto-Lei n.º 142/2000, de 15 de Julho

O artigo 9.º-A do Decreto-Lei n.º 142/2000, de 15 de Julho, aditado pelo artigo 3.º do Decreto-Lei n.º 122/2005, de 29 de Julho, passa a ter a seguinte redacção:

«Artigo 9.º-A
[...]

1 – A não renovação ou resolução de contratos de seguro obrigatório de responsabilidade civil automóvel operada por força do n.º 1 do artigo 8.º, bem como a celebração de novos contratos, é comunicada pela empresa de seguros ao Instituto da Mobilidade e dos Transportes Terrestres, com a indicação da matrícula do veículo seguro, a identificação do tomador do seguro e a respectiva morada.

2 – O Instituto da Mobilidade e dos Transportes Terrestres, caso verifique não ter sido coberto o risco por novo contrato, comunica o facto à força policial competente para efeitos de fiscalização.

3 – ...
4 – ...
5 – O disposto no presente artigo não se aplica aos seguros previstos nos n.ºs 3 e 4 do artigo 6.º do diploma do regime do sistema do seguro obrigatório de responsabilidade civil automóvel quando o veículo em causa não for propriedade das pessoas obrigadas aos tipos de seguro aí previstos.»

TÍTULO II
Do seguro obrigatório

CAPÍTULO I
Do âmbito do seguro obrigatório

ARTIGO 3.º
Definições

1 – Para efeitos do presente decreto-lei, entende-se por:
a) «Empresa de seguros» as empresas tal como definidas na alínea a) do artigo 5.º do Decreto-Lei n.º 144/2006, de 31 de Julho, que regula as condições de acesso e de exercício da actividade de mediação de seguros ou resseguros;
b) «Estabelecimento» a sede social ou a sucursal, na acepção da alínea c) do n.º 1 do artigo 2.º do Decreto-Lei n.º 94-B/98, de 17 de Abril;
c) «Estado membro onde o veículo tem o seu estacionamento habitual»:
   i) O Estado membro emissor da chapa de matrícula, definitiva ou temporária, ostentada pelo veículo; ou
   ii) No caso dos veículos não sujeitos a matrícula, o Estado membro emissor do sinal identificativo semelhante à chapa de matrícula, definitivo ou temporário; ou
   iii) No caso dos veículos não sujeitos a matrícula nem a sinal identificativo semelhante, o Estado membro onde o detentor do veículo tenha residência habitual;
d) «Estado membro» os Estados subscritores do Acordo sobre o Espaço Económico Europeu, de 2 de Maio de 1992;
e) «Acordo entre os serviços nacionais de seguros» o acordo entre os serviços nacionais de seguros dos Estados membros do espaço económico europeu e outros Estados associados, assinado em Rethymno (Creta), em 30 de Maio de 2002, e publicado em anexo à Decisão da Comissão Europeia de 28 de Julho de 2003, no Jornal Oficial da União Europeia, L 192, de 31 de Julho de 2003.

2 – Para efeitos do presente decreto-lei, a morte integra o conceito de dano corporal.

Artigo 4.º
Obrigação de seguro

1 – Toda a pessoa que possa ser civilmente responsável pela reparação de danos corporais ou materiais causados a terceiros por um veículo terrestre a motor para cuja condução seja necessário um título específico e seus reboques, com estacionamento habitual em Portugal, deve, para que esses veículos possam circular, encontrar-se coberta por um seguro que garanta tal responsabilidade, nos termos do presente decreto-lei.

2 – A obrigação referida no número anterior não se aplica aos responsáveis pela circulação dos veículos de caminhos de ferro, com excepção, seja dos carros eléctricos circulando sobre carris, seja da responsabilidade por acidentes ocorridos na intersecção dos carris com a via pública, e, bem assim, das máquinas agrícolas não sujeitas a matrícula.

3 – Os veículos ao serviço dos sistemas de Metro são equiparados aos veículos de caminhos de ferro para os efeitos do número anterior.

4 – A obrigação referida no número um não se aplica às situações em que os veículos são utilizados em funções meramente agrícolas ou industriais.

Artigo 5.º
**Local do risco relativamente a veículos para exportação,
ou importados, no âmbito do espaço económico europeu**

1 – Para efeitos de cumprimento da obrigação de seguro junto de empresa de seguros autorizada, em derrogação do previsto na alínea h), subalínea ii), do artigo 2.º do Decreto-Lei n.º 94-B/98, de 17 de Abril, sempre que um veículo cuja circulação esteja sujeita à obrigação de seguro seja enviado para um Estado membro, considera-se que o Estado membro em que se situa o risco é o Estado membro de destino num prazo de 30 dias a contar da data da aceitação da entrega pelo adquirente, mesmo que o veículo não tenha sido formalmente registado no Estado membro de destino.

2 – O regime previsto no número anterior é igualmente aplicável em relação a veículo que provenha de um Estado membro, devendo a identificação do veículo no contrato de seguro, caso não tenha ainda sido objecto de registo em Portugal, efectuar-se com base nos documentos estrangeiros nos termos que vierem a ser aprovados por portaria conjunta dos ministros responsáveis pelos serviços de matrícula do veículo e dos Registos e do Notariado e pela tutela do Instituto de Seguros de Portugal.

3 – Compete ao Fundo de Garantia Automóvel satisfazer, nos termos da subsecção I da secção I do capítulo IV, as indemnizações decorrentes dos

acidentes causados pelos veículos previstos no número anterior, durante o prazo referido no n.º 1 e quando a respectiva circulação não esteja coberta por seguro.

Artigo 6.º
Sujeitos da obrigação de segurar

1 – A obrigação de segurar impende sobre o proprietário do veículo, exceptuando-se os casos de usufruto, venda com reserva de propriedade e regime de locação financeira, em que a obrigação recai, respectivamente, sobre o usufrutuário, adquirente ou locatário.

2 – Se qualquer outra pessoa celebrar, relativamente ao veículo, contrato de seguro que satisfaça o disposto no presente decreto-lei, fica suprida, enquanto o contrato produzir efeitos, a obrigação das pessoas referidas no número anterior.

3 – Estão ainda obrigados os garagistas, bem como quaisquer pessoas ou entidades que habitualmente exercem a actividade de fabrico, montagem ou transformação, de compra e ou venda, de reparação, de desempanagem ou de controlo do bom funcionamento de veículos, a segurar a responsabilidade civil em que incorrem quando utilizem, por virtude das suas funções, os referidos veículos no âmbito da sua actividade profissional.

4 – Podem ainda, nos termos que vierem ser aprovados por norma do Instituto de Seguros de Portugal, ser celebrados seguros de automobilista com os efeitos previstos no presente decreto-lei.

5 – Quaisquer provas desportivas de veículos terrestres a motor e respectivos treinos oficiais só podem ser autorizados mediante a celebração prévia de um seguro, feito caso a caso, que garanta a responsabilidade civil dos organizadores, dos proprietários dos veículos e dos seus detentores e condutores em virtude de acidentes causados por esses veículos.

Artigo 7.º
Seguro de garagista

1 – Relativamente ao seguro previsto no n.º 3 do artigo anterior, é inoponível ao lesado o facto de o acidente causado pelo respectivo segurado ter sido causado pela utilização do veículo fora do âmbito da sua actividade profissional, sem prejuízo do correspondente direito de regresso.

2 – O previsto no número anterior é igualmente aplicável, quando a guarda do veículo caiba ao garagista, seja no caso de acidente causado pelos autores de furto, roubo ou furto de uso do veículo, sem prejuízo do previsto no n.º 3 do artigo 15.º e dos direitos de regresso aplicáveis, seja no caso de o acidente ser imputável ao risco do veículo alheio à sua utilização no âmbito da actividade profissional prevista no n.º 3 do artigo anterior.

Artigo 8.º
Seguro de provas desportivas

1 – Sem prejuízo do disposto no artigo 14.º, excluem-se da garantia do seguro previsto no n.º 5 do artigo 6.º os danos causados aos participantes e respectivas equipas de apoio e aos veículos por aqueles utilizados, bem como os causados à entidade organizadora e pessoal ao seu serviço ou a quaisquer seus colaboradores.

2 – Quando se verifiquem dificuldades especiais na celebração de contratos de seguro de provas desportivas, o Instituto de Seguros de Portugal, através de norma regulamentar, define os critérios de aceitação e realização de tais seguros.

Artigo 9.º
Sujeitos isentos da obrigação de segurar

1 – Ficam isentos da obrigação de segurar os Estados estrangeiros, de acordo com o princípio da reciprocidade, e as organizações internacionais de que seja membro o Estado Português.

2 – O Estado Português fica também isento da referida obrigação, sem prejuízo da sujeição à obrigação de segurar dos departamentos e serviços oficiais, se e na medida em que tal for decidido por despacho do ministro respectivo ou dos membros competentes dos Governos Regionais.

3 – As pessoas isentas da obrigação de segurar respondem nos termos em que responde o segurador e gozam, no que for aplicável, dos direitos que a este assistem.

4 – Os Estados estrangeiros e as organizações internacionais referidas no n.º 1 devem fazer prova dessa isenção através de um certificado de modelo a aprovar por despacho conjunto dos membros do Governo responsáveis pelas áreas das finanças e da administração interna e a ser emitido pelo Instituto de Seguros de Portugal, do qual consta obrigatoriamente o nome da entidade responsável pela indemnização em caso de acidente.

5 – O Estado Português deve fazer prova da isenção referida no n.º 2 através de um certificado emitido pelo ministério respectivo ou pelas secretarias regionais competentes.

Artigo 10.º
Âmbito territorial do seguro

1 – O seguro obrigatório previsto no artigo 4.º abrange, com base num prémio único e durante todo o período de vigência do contrato de seguro:

a) A totalidade dos territórios dos países cujos serviços nacionais de seguros tenham aderido ao Acordo entre os serviços nacionais de seguros, incluindo as estadias do veículo nalgum deles durante o período de vigência contratual;
b) O trajecto que ligue directamente dois territórios onde o Acordo do Espaço Económico Europeu é aplicável, quando nele não exista serviço nacional de seguros.

2 — O seguro obrigatório previsto no artigo 4.º pode ainda abranger a responsabilidade civil decorrente da circulação de veículos em outros territórios para além dos mencionados no número anterior, concretamente nos de Estados onde exista uma organização profissional, criada em conformidade com a Recomendação n.º 5 adoptada em 25 de Janeiro de 1949, pelo Subcomité de Transportes Rodoviários do Comité de Transportes Internos da Comissão Económica para a Europa da Organização das Nações Unidas, desde que seja garantida por um certificado internacional de seguro («carta verde»).

3 — O Instituto de Seguros de Portugal disponibiliza no respectivo sítio na Internet a lista actualizada dos países aderentes ao Acordo referido na alínea a) do n.º 1.

Artigo 11.º
Âmbito material

1 — O seguro de responsabilidade civil previsto no artigo 4.º abrange:
a) Relativamente aos acidentes ocorridos no território de Portugal a obrigação de indemnizar estabelecida na lei civil;
b) Relativamente aos acidentes ocorridos nos demais territórios dos países cujos serviços nacionais de seguros tenham aderido ao Acordo entre os serviços nacionais de seguros, a obrigação de indemnizar estabelecida na lei aplicável ao acidente, a qual, nos acidentes ocorridos nos territórios onde seja aplicado o Acordo do Espaço Económico Europeu, é substituída pela lei portuguesa sempre que esta estabeleça uma cobertura superior;
c) Relativamente aos acidentes ocorridos no trajecto previsto na alínea b) do n.º 1 do artigo anterior, apenas os danos de residentes em Estados membros e países cujos serviços nacionais de seguros tenham aderido ao Acordo entre os serviços nacionais de seguros e nos termos da lei portuguesa.

2 — O seguro de responsabilidade civil previsto no artigo 4.º abrange os danos sofridos por peões, ciclistas e outros utilizadores não motorizados das estradas quando e na medida em que a lei aplicável à responsabilidade civil decorrente do acidente automóvel determine o ressarcimento desses danos.

ARTIGO 12.º
Capital seguro para os contratos em geral

1 – O capital mínimo obrigatoriamente seguro, nos termos e para os efeitos das alíneas a) e c) do n.º 1 do artigo anterior é de (euro) 1 200 000 por acidente para os danos corporais e de (euro) 600 000 por acidente para os danos materiais.

2 – Para todos os efeitos, nomeadamente os indemnizatório e de determinação do prémio do contrato, a partir de 1 de Dezembro de 2009, os montantes previstos no número anterior são, respectivamente, de (euro) 2 500 000 por acidente e de (euro) 750 000 por acidente, e a partir de 1 de Junho de 2012 são, respectivamente, (euro) 5 000 000 por acidente e (euro) 1 000 000 por acidente.

3 – A partir de 1 de Junho de 2012, os montantes previstos na parte final do número anterior são revistos de cinco em cinco anos, sob proposta da Comissão Europeia, em função do índice europeu de preços no consumidor, nos termos do Regulamento (CE) n.º 2494/95, do Conselho da União Europeia, de 23 de Outubro, relativo aos índices harmonizados de preços no consumidor.

4 – Os montantes revistos nos termos do número anterior são publicados no Jornal Oficial da União Europeia e entram imediatamente em vigor.

ARTIGO 13.º
Capital seguro para os contratos relativos a transportes colectivos e a provas desportivas

O capital mínimo obrigatoriamente seguro para os contratos relativos a transportes colectivos e para os relativos a provas desportivas é de, respectivamente, duas e oito vezes os montantes previstos no artigo anterior, com o limite, por lesado, dos mesmos montantes simples.

ARTIGO 14.º
Exclusões

1 – Excluem-se da garantia do seguro os danos corporais sofridos pelo condutor do veículo seguro responsável pelo acidente assim como os danos decorrentes daqueles.

2 – Excluem-se também da garantia do seguro quaisquer danos materiais causados às seguintes pessoas:
   a) Condutor do veículo responsável pelo acidente;
   b) Tomador do seguro;

c) Todos aqueles cuja responsabilidade é garantida, nos termos do n.º 1 do artigo seguinte, nomeadamente em consequência da compropriedade do veículo seguro;
d) Sociedades ou representantes legais das pessoas colectivas responsáveis pelo acidente, quando no exercício das suas funções;
e) Cônjuge, ascendentes, descendentes ou adoptados das pessoas referidas nas alíneas a) a c), assim como outros parentes ou afins até ao 3.º grau das mesmas pessoas, mas, neste último caso, só quando elas coabitem ou vivam a seu cargo;
f) Aqueles que, nos termos dos artigos 495.º, 496.º e 499.º do Código Civil, beneficiem de uma pretensão indemnizatória decorrente de vínculos com alguma das pessoas referidas nas alíneas anteriores;
g) A passageiros, quando transportados em contravenção às regras relativas ao transporte de passageiros constantes do Código da Estrada.

3 – No caso de falecimento, em consequência do acidente, de qualquer das pessoas referidas nas alíneas e) e f) do número anterior, é excluída qualquer indemnização ao responsável do acidente.

4 – Excluem-se igualmente da garantia do seguro:
a) Os danos causados no próprio veículo seguro;
b) Os danos causados nos bens transportados no veículo seguro, quer se verifiquem durante o transporte quer em operações de carga e descarga;
c) Quaisquer danos causados a terceiros em consequência de operações de carga e descarga;
d) Os danos devidos, directa ou indirectamente, a explosão, libertação de calor ou radiação, provenientes de desintegração ou fusão de átomos, aceleração artificial de partículas ou radioactividade;
e) Quaisquer danos ocorridos durante provas desportivas e respectivos treinos oficiais, salvo tratando-se de seguro celebrados ao abrigo do artigo 8.º

Artigo 15.º
Pessoas cuja responsabilidade é garantida

1 – O contrato garante a responsabilidade civil do tomador do seguro, dos sujeitos da obrigação de segurar previstos no artigo 4.º e dos legítimos detentores e condutores do veículo.

2 – O seguro garante ainda a satisfação das indemnizações devidas pelos autores de furto, roubo, furto de uso do veículo ou de acidentes de viação dolosamente provocados, sem prejuízo do disposto no número seguinte.

3 – Nos casos de roubo, furto ou furto de uso de veículos e acidentes de viação dolosamente provocados o seguro não garante a satisfação das indemni-

zações devidas pelos respectivos autores e cúmplices para com o proprietário, usufrutuário, adquirente com reserva de propriedade ou locatário em regime de locação financeira, nem para com os autores ou cúmplices, ou os passageiros transportados que tivessem conhecimento da detenção ilegítima do veículo e de livre vontade nele fossem transportados.

CAPÍTULO II
Do contrato de seguro e da prova

Artigo 16.º
Contratação do seguro obrigatório

1 – As empresas de seguros legalmente autorizadas a explorar o ramo «Responsabilidade civil de veículos terrestres a motor» só poderão contratar os seguros nos precisos termos previstos no presente decreto-lei e nas condições contratuais estabelecidas pelo Instituto de Seguros de Portugal.

2 – A convenção expressa no contrato de seguro da oneração do tomador do seguro com uma parte da indemnização devida a terceiros não é oponível aos lesados ou aos seus herdeiros e depende do prévio esclarecimento do tomador pela empresa de seguros sobre o seu conteúdo e extensão, sob pena de ineficácia.

Artigo 17.º
Situação relativa às inspecções periódicas do veículo a segurar

1 – No momento da celebração do contrato e da sua alteração por substituição do veículo deve ser apresentado às empresas de seguros o documento comprovativo da realização da inspecção periódica prevista no artigo 116.º do Código da Estrada.

2 – Aceitando o contrato apesar de não lhe ter sido exibido o comprovativo previsto no número anterior, a empresa de seguros não pode invocar o incumprimento da obrigação de inspecção periódica para efeitos de direito de regresso, nos termos previstos na alínea i) do artigo 27.º, ainda que o incumprimento dessa obrigação de inspecção periódica se refira a anuidade seguinte do contrato.

ARTIGO 18.º
Condições especiais de aceitação dos contratos

1 – Sempre que a aceitação do seguro seja recusada, pelo menos por três empresas de seguros, o proponente de seguro pode recorrer ao Instituto de Seguros de Portugal para que este defina as condições especiais de aceitação.

2 – A empresa de seguros indicada pelo Instituto de Seguros de Portugal, nos casos previstos no número anterior, fica obrigada a aceitar o referido seguro nas condições definidas pelo Instituto de Seguros de Portugal, sob pena de lhe ser suspensa a exploração do ramo «Responsabilidade civil de veículos terrestres a motor» durante um período de seis meses a três anos.

3 – Nos contratos celebrados de acordo com as condições estabelecidas neste artigo não pode haver intervenção de mediador, não conferindo os mesmos direito a qualquer tipo de comissões.

ARTIGO 19.º
Pagamento do prémio

Ao pagamento do prémio do contrato de seguro e consequências pelo seu não pagamento aplicam-se as disposições legais em vigor.

ARTIGO 20.º
Certificado de tarifação

1 – A empresa de seguros deve entregar ao tomador de seguro um certificado relativo aos acidentes que envolvam responsabilidade civil provocados pelo veículo ou veículos cobertos pelo contrato de seguro durante os cinco anos anteriores à relação contratual ou, na ausência desses acidentes:
  a) Sempre que aquele lho solicite, e no prazo de 15 dias a contar do pedido;
  b) Sempre que a resolução do contrato seja da sua iniciativa, com a antecedência de 30 dias em relação à data daquela.

2 – O Instituto de Seguros de Portugal fixa por meio de norma o indispensável à execução do previsto no presente artigo, nomeadamente o conteúdo obrigatório mínimo do certificado e a informação específica a prestar pela empresa de seguros para o efeito da sua entrega.

Artigo 21.º
Alienação do veículo

1 – O contrato de seguro não se transmite em caso de alienação do veículo, cessando os seus efeitos às 24 horas do próprio dia da alienação, salvo se for utilizado pelo tomador do seguro inicial para segurar novo veículo.

2 – O titular da apólice avisa a empresa de seguros por escrito, no prazo de vinte e quatro horas, da alienação do veículo.

3 – Na falta de cumprimento da obrigação prevista no número anterior, a empresa de seguros tem direito a uma indemnização de valor igual ao montante do prémio correspondente ao período de tempo que decorre entre o momento da alienação do veículo e o termo da anuidade do seguro em que esta se verifique, sem prejuízo de o contrato ter cessado os seus efeitos nos termos do disposto no n.º 1.

4 – O aviso referido no n.º 2 deve ser acompanhado do certificado provisório do seguro, do certificado de responsabilidade civil ou do aviso-recibo e do certificado internacional («carta verde»).

Artigo 22.º
Oponibilidade de excepções aos lesados

Para além das exclusões ou anulabilidades que sejam estabelecidas no presente decreto-lei, a empresa de seguros apenas pode opor aos lesados a cessação do contrato nos termos do n.º 1 do artigo anterior, ou a sua resolução ou nulidade, nos termos legais e regulamentares em vigor, desde que anteriores à data do acidente.

Artigo 23.º
Pluralidade de seguros

No caso de, relativamente ao mesmo veículo, existirem vários seguros, efectuados ao abrigo do artigo 6.º, responde, para todos os efeitos legais, o seguro referido no n.º 5, ou, em caso de inexistência deste, o referido no n.º 3, ou, em caso de inexistência destes dois, o referido no n.º 4, ou, em caso de inexistência destes três, o referido no n.º 2 do mesmo artigo, ou, em caso de inexistência destes quatro, o referido no n.º 1 do mesmo artigo.

ARTIGO 24.º
Insuficiência do capital

1 – Se existirem vários lesados com direito a indemnizações que, na sua globalidade, excedam o montante do capital seguro, os direitos dos lesados contra a empresa de seguros ou contra o Fundo de Garantia Automóvel reduzir-se-ão proporcionalmente até à concorrência daquele montante.

2 – A empresa de seguros ou o Fundo de Garantia Automóvel que, de boa fé e por desconhecimento da existência de outras pretensões, liquidar a um lesado uma indemnização de valor superior à que lhe competiria nos termos do número anterior não fica obrigada para com os outros lesados senão até à concorrência da parte restante do capital seguro.

ARTIGO 25.º
Indemnizações sob a forma de renda

Quando a indemnização ao lesado consistir numa renda que, em valor actual, e de acordo com as bases técnicas utilizadas pela empresa de seguros, ultrapasse o capital seguro, a responsabilidade desta é limitada a este valor, devendo a renda ser calculada de acordo com as bases técnicas das rendas vitalícias imediatas em vigor no mercado, se da aplicação destas resultar uma renda de valor mais elevado.

ARTIGO 26.º
Acidentes de viação e de trabalho

1 – Quando o acidente for simultaneamente de viação e de trabalho, aplicar-se-ão as disposições deste decreto-lei, tendo em atenção as constantes da legislação especial de acidentes de trabalho.

2 – O disposto no número anterior é aplicável, com as devidas adaptações, quando o acidente possa qualificar-se como acidente em serviço, nos termos do Decreto-Lei n.º 503/99, de 20 de Novembro.

ARTIGO 27.º
Direito de regresso da empresa de seguros

1 – Satisfeita a indemnização, a empresa de seguros apenas tem direito de regresso:
   a) Contra o causador do acidente que o tenha provocado dolosamente;

b) Contra os autores e cúmplices de roubo, furto ou furto de uso do veículo causador do acidente, bem como, subsidiariamente, o condutor do veículo objecto de tais crimes que os devesse conhecer e causador do acidente;

c) Contra o condutor, quando este tenha dado causa ao acidente e conduzir com uma taxa de alcoolemia superior à legalmente admitida, ou acusar consumo de estupefacientes ou outras drogas ou produtos tóxicos;

d) Contra o condutor, se não estiver legalmente habilitado, ou quando haja abandonado o sinistrado;

e) Contra o responsável civil por danos causados a terceiros em virtude de queda de carga decorrente de deficiência de acondicionamento;

f) Contra o incumpridor da obrigação prevista no n.º 3 do artigo 6.º;

g) Contra o responsável civil pelos danos causados nos termos do n.º 1 do artigo 7.º e, subsidiariamente à responsabilidade prevista na alínea b), a pessoa responsável pela guarda do veículo cuja negligência tenha ocasionado o crime previsto na primeira parte do n.º 2 do mesmo artigo;

h) Contra o responsável civil por danos causados a terceiros em virtude de utilização ou condução de veículos que não cumpram as obrigações legais de carácter técnico relativamente ao estado e condições de segurança do veículo, na medida em que o acidente tenha sido provocado ou agravado pelo mau funcionamento do veículo;

i) Em especial relativamente ao previsto na alínea anterior, contra o responsável pela apresentação do veículo a inspecção periódica que, na pendência do contrato de seguro, tenha incumprido a obrigação de renovação periódica dessa apresentação, na medida em que o acidente tenha sido provocado ou agravado pelo mau funcionamento do veículo.

2 – A empresa de seguros, antes da celebração de um contrato de seguro de responsabilidade automóvel, deve esclarecer especial e devidamente o eventual cliente acerca do teor do presente artigo.

ARTIGO 28.º
Documentos comprovativos do seguro

1 – Constitui documento comprovativo de seguro válido e eficaz em Portugal:

a) Relativamente a veículos com estacionamento habitual em Portugal, o certificado internacional de seguro («carta verde»), o certificado provisório, o aviso-recibo ou o certificado de responsabilidade civil, quando válidos;

b) Relativamente a veículos com estacionamento habitual em país cujo serviço nacional de seguros tenha aderido ao Acordo entre os serviços nacionais de seguros, o certificado internacional de seguro («carta verde»), quando válido, ou os demais documentos comprovativos de subscrição, nesse país, de um seguro obrigatório de responsabilidade civil automóvel, emitidos nos termos da lei nacional respectiva e susceptíveis de, por si, dar a conhecer a validade e eficácia do seguro;

c) Relativamente a veículos matriculados em países cujos serviços nacionais de seguros não tenham aderido ao Acordo entre os serviços nacionais de seguros, o certificado internacional de seguro («carta verde»), quando válido e emitido por serviço nacional de seguros ao abrigo de relação contratual entre serviços regulada pela secção ii do Regulamento Geral do Conselho dos Serviços Nacionais de Seguros anexo àquele Acordo;

d) Relativamente a veículos matriculados em países que não tenham serviço nacional de seguros, ou cujo serviço não tenha aderido ao Acordo entre os serviços nacionais de seguros, mas provenientes de um país aderente a esse Acordo, um documento justificativo da subscrição, em país aderente ao Acordo, de um seguro de fronteira, quando válido para o período de circulação no território nacional e garantindo o capital obrigatoriamente seguro;

e) Relativamente a veículos matriculados em países que não tenham serviço nacional de seguros, ou cujo serviço não tenha aderido ao Acordo entre os serviços nacionais de seguros, e provenientes de país em idênticas circunstâncias, o certificado de seguro de fronteira celebrado em Portugal e cumprindo as condições previstas na parte final da alínea anterior.

2 – No caso objecto da alínea c) do número anterior, o Gabinete Português da Carta Verde, na qualidade prevista no artigo 90.º, pode opor aos lesados a cessação da validade de um certificado internacional de seguro nos termos previstos na secção ii ali mencionada.

Artigo 29.º
Emissão dos documentos comprovativos do seguro

1 – O certificado internacional de seguro referido na alínea a) do n.º 1 do artigo anterior é emitido pela empresa de seguros, mediante o pagamento do prémio ou fracção correspondente ao contrato de seguro, no prazo máximo de 60 dias a contar da data da celebração do contrato e renovado no momento do pagamento do prémio ou fracção seguinte.

2 – Do certificado internacional de seguro constam obrigatoriamente a designação da empresa de seguros, o nome e morada do tomador de seguro, o

número de apólice, o período de validade, a marca do veículo e o número de matrícula ou de chássis ou de motor.

3 – Quando a empresa de seguros não emitir o certificado internacional de seguro no momento da aceitação do contrato ou de qualquer alteração que obrigue à emissão de novo certificado, deve, após o pagamento do prémio pelo tomador do seguro, entregar a este um certificado provisório, que é válido até ao final do prazo referido no n.º 1.

4 – O aviso-recibo referido na alínea a) do n.º 1 do artigo anterior deve encontrar-se devidamente validado através da aposição da vinheta dos CTT ou da empresa de seguros, segundo modelo aprovado pelo n.º 3.º da Portaria n.º 805/84, de 13 de Outubro.

5 – Os certificados de seguro de fronteira a que se refere a alínea e) do n.º 1 do artigo anterior devem ter o âmbito territorial do Acordo entre os serviços nacionais de seguros, competindo a respectiva emissão e efectivação das responsabilidades a qualquer empresa de seguros que esteja autorizada a explorar o ramo «Responsabilidade civil de veículos terrestres a motor».

6 – Relativamente aos contratos de seguro de que sejam titulares as pessoas referidas nos n.ºˢ 3 e 4 do artigo 6.º, constituem documentos comprovativos do seguro o certificado de responsabilidade civil, o certificado provisório ou o aviso-recibo, o qual deve encontrar-se validado nos termos do n.º 5 do presente artigo.

7 – Os certificados de responsabilidade civil e os certificados provisórios referidos no número anterior devem ser emitidos pelas empresas de seguros, nos termos, respectivamente, dos n.ºˢ 1 e 3 do presente artigo.

8 – O Instituto de Seguros de Portugal emite norma regulamentar fixadora do conteúdo, e eventuais demais condições de genuidade, dos certificado provisório, aviso-recibo e certificado de responsabilidade civil objecto do presente artigo, bem como do demais necessário à aplicação do presente artigo.

9 – A empresa de seguros pode optar por, relativamente a todos os contratos em carteira, emitir o certificado internacional de seguro apenas após o pagamento de fracções de prémio iguais ou superiores ao quadrimestre, caso em que:

    a) O certificado provisório tem a validade máxima de 90 dias;

    b) A empresa de seguros emite o certificado internacional de seguro a pedido do tomador, em cinco dias úteis a contar do pedido e sem encargos adicionais;

    c) A empresa de seguros esclarece adequadamente o tomador do previsto no presente número, nomeadamente no aviso para pagamento da fracção do prémio por tempo igual ou inferior ao quadrimestre;

    d) O dístico previsto no artigo seguinte acompanha o envio do certificado provisório, devendo respeitar o modelo geral.

10 – Qualquer documento que comprove a eficácia do contrato de seguro só pode ser emitido após o pagamento do prémio pelo tomador do seguro, fican-

do a entidade emitente, quando não seja a empresa de seguros, responsável perante esta pela entrega da quantia correspondente ao prémio.

Artigo 30.º
Dístico

1 – Nos veículos cuja utilização esteja sujeita ao seguro e com estacionamento habitual em Portugal, com excepção dos motociclos, ciclomotores, triciclos, quadriciclos e máquinas industriais, deve ser aposto um dístico, em local bem visível do exterior, que identifique, nomeadamente, a empresa de seguros, o número da apólice, a matrícula do veículo e a validade do seguro.

2 – Os sujeitos isentos da obrigação de segurar a que se refere o artigo 9.º devem igualmente apor um dístico, em local bem visível do exterior do veículo, que identifique, nomeadamente, a matrícula, a situação de isenção, a validade e a entidade responsável pela indemnização em caso de acidente.

3 – A aplicação do disposto nos números anteriores fica dependente de regulamentação a aprovar por portaria conjunta dos Ministros da Administração Interna e das Finanças, que pode prever regime especial para o dístico ou placa relativos quer ao seguro de garagista quer ao seguro de automobilista, sem prejuízo do previsto no n.º 4 do artigo 6.º

CAPÍTULO III
Da regularização dos sinistros

Artigo 31.º
Objecto

O presente capítulo fixa as regras e os procedimentos a observar pelas empresas de seguros com vista a garantir, de forma pronta e diligente, a assunção da sua responsabilidade e o pagamento das indemnizações devidas em caso de sinistro no âmbito do seguro de responsabilidade civil automóvel.

Artigo 32.º
Âmbito

1 – O regime previsto no presente capítulo não se aplica a sinistros cujos danos indemnizáveis totais excedam o capital mínimo legalmente estabelecido para o seguro obrigatório de responsabilidade civil automóvel.

2 – Relativamente aos danos em mercadorias ou em outros bens transportados nos veículos intervenientes nos sinistros, bem como a sinistros relativamente aos quais se formulem pedidos indemnizatórios de lucros cessantes decorrentes da imobilização desses veículos, é apenas aplicável o previsto nos artigos 38.º e 40.º, sendo que, para o efeito, o prazo previsto na alínea e) do n.º 1 do artigo 36.º é de 60 dias.

3 – Nos casos em que, sendo aplicável a lei portuguesa, a regularização do sinistro deva efectuar-se fora do território português, os prazos previstos no presente capítulo podem ser ultrapassados em situação devidamente fundamentada.

4 – Os procedimentos previstos no presente capítulo aplicam-se, com as devidas adaptações, aos sinistros cuja regularização deva ser efectuada pelo Fundo de Garantia Automóvel, ou pelo Gabinete Português da Carta Verde, na qualidade prevista no artigo 90.º, e neste caso sem prejuízo das obrigações internacionais decorrentes da subscrição do Acordo entre os serviços nacionais de seguros.

5 – Para o efeito previsto no número anterior, as referências às empresas de seguros devem ser tidas como sendo efectuadas ao Gabinete Português de Carta Verde ou ao Fundo de Garantia Automóvel.

6 – Para a aplicação do regime previsto no presente capítulo não é necessário que os interessados tenham chegado a acordo sobre os factos ocorridos aquando do sinistro.

Artigo 33.º
Princípios base da gestão de sinistros

1 – Aquando da celebração de um contrato de seguro de responsabilidade civil automóvel, a empresa de seguros deve prestar informação relevante relativamente aos procedimentos que adopta em caso de sinistro.

2 – Para os efeitos do disposto no número anterior, a empresa de seguros deve disponibilizar informação escrita de forma legível, simples e objectiva quanto aos prazos a que se compromete, tendo em conta a tipologia dos sinistros.

3 – A informação prevista no número anterior deve estar disponível para consulta pelo público.

4 – Os procedimentos a adoptar pela empresa de seguros devem constar de um manual interno de regularização de sinistros, cuja implementação e actualização é assegurada por pessoal com adequada qualificação técnica.

5 – A empresa de seguros deve levar regularmente a cabo auditorias internas que permitam avaliar a qualidade nas diversas fases do processo de regularização dos sinistros abrangidos por este capítulo, com especial incidência naqueles cuja responsabilidade foi, ainda que parcialmente, declinada.

6 – Os métodos de avaliação dos danos materiais decorrentes de um sinistro utilizados pela empresa de seguros devem ser razoáveis, adequados e coerentes.

7 – A empresa de seguros deve dispor de um sistema, cujos princípios de funcionamento devem estar consignados em documento escrito e devem estar disponíveis para consulta pelos seus clientes, que garanta um adequado tratamento das queixas e reclamações apresentadas por aqueles ou por terceiros lesados em sede de regularização de sinistros.

8 – A empresa de seguros deve garantir que o serviço ou a unidade orgânica responsável pela aceitação e regularização de sinistros abrangidos pelo presente capítulo esteja acessível, em condições efectivas, aos seus clientes e a eventuais terceiros lesados.

9 – A empresa de seguros deve disponibilizar a qualquer interessado informação relativa aos tempos médios de regularização dos sinistros.

Artigo 34.º
Obrigações do tomador do seguro e do segurado em caso de sinistro

1 – Em caso de sinistro, o tomador do seguro ou o segurado, sob pena de responder por perdas e danos, obriga-se a:
 a) Comunicar tal facto à empresa de seguros no mais curto prazo de tempo possível, nunca superior a oito dias a contar do dia da ocorrência ou do dia em que tenha conhecimento da mesma, fornecendo todas as indicações e provas documentais e ou testemunhais relevantes para uma correcta determinação das responsabilidades;
 b) Tomar as medidas ao seu alcance no sentido de evitar ou limitar as consequências do sinistro.

2 – O tomador do seguro e o segurado não podem, também, sob pena de responder por perdas e danos:
 a) Abonar extrajudicialmente a indemnização reclamada ou adiantar dinheiro, por conta, em nome ou sob a responsabilidade da empresa de seguros, sem a sua expressa autorização;
 b) Dar ocasião, ainda que por omissão ou negligência, a sentença favorável a terceiro ou, quando não der imediato conhecimento à empresa de seguros, a qualquer procedimento judicial intentado contra ele por motivo de sinistro a coberto da respectiva apólice.

3 – Em caso de reclamação por terceiro lesado, se o tomador do seguro ou o segurado não efectuar a participação decorridos oito dias após ter sido notificado para o efeito pela empresa de seguros, e sem prejuízo da regularização do sinistro com base na prova apresentada pelo terceiro lesado, bem como nas averiguações e nas peritagens que se revelem necessárias, constitui-se imediatamente, salvo impossibilidade absoluta que não lhe seja imputável, na obrigação

de pagar à empresa de seguros uma penalidade correspondente ao prémio comercial do seguro obrigatório da anuidade em que ocorreu o sinistro.

Artigo 35.º
Forma de participação do sinistro

1- A participação do sinistro deve ser feita em impresso próprio fornecido pela empresa de seguros ou disponível no seu sítio na Internet, de acordo com o modelo aprovado por norma do Instituto de Seguros de Portugal, ou por qualquer outro meio de comunicação que possa ser utilizado sem a presença física e simultânea das partes, desde que dela fique registo escrito ou gravado.

2 – A norma prevista no número anterior prevê os elementos específicos da participação do sinistro que envolva danos corporais.

3 – Quando a participação do sinistro seja assinada conjuntamente por ambos os condutores envolvidos no sinistro, presume-se que o sinistro se verificou nas circunstâncias, nos moldes e com as consequências constantes da mesma, salvo prova em contrário por parte da empresa de seguros.

4 – A participação do sinistro prevista no n.º 1 identifica os campos cujo preenchimento é indispensável para os efeitos previstos no presente decreto-lei.

Artigo 36.º
Diligência e prontidão da empresa de seguros

1 – Sempre que lhe seja comunicada pelo tomador do seguro, pelo segurado ou pelo terceiro lesado a ocorrência de um sinistro automóvel coberto por um contrato de seguro, a empresa de seguros deve:
   a) Proceder ao primeiro contacto com o tomador do seguro, com o segurado ou com o terceiro lesado no prazo de dois dias úteis, marcando as peritagens que devam ter lugar;
   b) Concluir as peritagens no prazo dos oito dias úteis seguintes ao fim do prazo mencionado na alínea anterior;
   c) Em caso de necessidade de desmontagem, o tomador do seguro e o segurado ou o terceiro lesado devem ser notificados da data da conclusão das peritagens, as quais devem ser concluídas no prazo máximo dos 12 dias úteis seguintes ao fim do prazo mencionado na alínea a);
   d) Disponibilizar os relatórios das peritagens no prazo dos quatro dias úteis após a conclusão destas, bem como dos relatórios de averiguação indispensáveis à sua compreensão;
   e) Comunicar a assunção, ou a não assunção, da responsabilidade no prazo de 30 dias úteis, a contar do termo do prazo fixado na alínea a), infor-

mando desse facto o tomador do seguro ou o segurado e o terceiro lesado, por escrito ou por documento electrónico;

f) Na comunicação referida na alínea anterior, a empresa de seguros deve mencionar, ainda, que o proprietário do veículo tem a possibilidade de dar ordem de reparação, caso esta deva ter lugar, assumindo este o custo da reparação até ao apuramento das responsabilidades pela empresa de seguros e na medida desse apuramento.

2 – Se a empresa de seguros não detiver a direcção efectiva da reparação, os prazos previstos nas alíneas b) e c) do número anterior contam-se a partir do dia em que existe disponibilidade da oficina e autorização do proprietário do veículo.

3 – Existe direcção efectiva da reparação por parte da empresa de seguros quando a oficina onde é realizada a peritagem é indicada pela empresa de seguros e é aceite pelo lesado.

4 – Nos casos em que a empresa de seguros entenda dever assumir a responsabilidade, contrariando a declaração da participação de sinistro na qual o tomador do seguro ou o segurado não se considera responsável pelo mesmo, estes podem apresentar, no prazo de cinco dias úteis a contar a partir da comunicação a que se refere a alínea e) do n.º 1, as informações que entenderem convenientes para uma melhor apreciação do sinistro.

5 – A decisão final da empresa de seguros relativa à situação descrita no número anterior deve ser comunicada, por escrito ou por documento electrónico, ao tomador do seguro ou ao segurado, no prazo de dois dias úteis após a apresentação por estes das informações aí mencionadas.

6 – Os prazos referidos nas alíneas b) a e) do n.º 1:
   a) São reduzidos a metade havendo declaração amigável de acidente automóvel;
   b) Duplicam aquando da ocorrência de factores climatéricos excepcionais ou da ocorrência de um número de acidentes excepcionalmente elevado em simultâneo.

7 – Sem prejuízo do disposto nos números anteriores, a empresa de seguros deve proporcionar ao tomador do seguro ou ao segurado e ao terceiro lesado informação regular sobre o andamento do processo de regularização do sinistro.

8 – Os prazos previstos no presente artigo suspendem-se nas situações em que a empresa de seguros se encontre a levar a cabo uma investigação por suspeita fundamentada de fraude.

ARTIGO 37.º
Diligência e prontidão da empresa de seguros na regularização dos sinistros que envolvam danos corporais

1 – Sempre que lhe seja comunicada pelo tomador do seguro, pelo segurado ou pelo terceiro lesado a ocorrência de um sinistro automóvel coberto por um contrato de seguro e que envolva danos corporais, a empresa de seguros deve, relativamente à regularização dos danos corporais:
   a) Informar o lesado se entende necessário proceder a exame de avaliação do dano corporal por perito médico designado pela empresa de seguros, num prazo não superior a 20 dias a contar do pedido de indemnização por ele efectuado, ou no prazo de 60 dias a contar da data da comunicação do sinistro, caso o pedido indemnizatório não tenha ainda sido efectuado;
   b) Disponibilizar ao lesado o exame de avaliação do dano corporal previsto na alínea anterior no prazo máximo de 10 dias a contar da data da sua recepção, bem como dos relatórios de averiguação indispensáveis à sua compreensão;
   c) Comunicar a assunção, ou a não assunção, da responsabilidade no prazo de 45 dias, a contar da data do pedido de indemnização, caso tenha entretanto sido emitido o relatório de alta clínica e o dano seja totalmente quantificável, informando daquele facto o tomador do seguro ou o segurado e o terceiro lesado, por escrito ou por documento electrónico.

2 – Sempre que, no prazo previsto na alínea c) do número anterior, não seja emitido o relatório de alta clínica ou o dano não seja totalmente quantificável:
   a) A assunção da responsabilidade aí prevista assume a forma de «proposta provisória», em que nomeia especificamente os montantes relativos a despesas já havidas e ao prejuízo resultante de períodos de incapacidade temporária já decorridos;
   b) se a proposta prevista na alínea anterior tiver sido aceite, a empresa de seguros deve efectuar a assunção da responsabilidade consolidada no prazo de 15 dias a contar da data do conhecimento pela empresa de seguros do relatório de alta clínica, ou da data a partir da qual o dano deva considerar-se como totalmente quantificável, se posterior.

3 – À regularização dos danos corporais é aplicável o previsto no artigo anterior no que não se encontre fixado no presente artigo, contando-se os prazos aí previstos a partir da data da apresentação do pedido de indemnização pelo terceiro lesado, sem prejuízo da aplicação da alínea b) do n.º 6 desse artigo ter como limite máximo 90 dias.

4 – Relativamente à regularização dos danos materiais sofridos por lesado a quem o sinistro haja igualmente causado danos corporais, a aplicação do pre-

visto no artigo anterior nos prazos aí previstos requer a sua autorização, que lhe deve ser devidamente enquadrada e solicitada pela empresa de seguros.

5 – Não ocorrendo a autorização prevista no número anterior, a empresa de seguros diligencia de novo no sentido aí previsto passados 30 dias de ter tomado conhecimento do sinistro sem que entretanto lhe tenha sido apresentado pedido de indemnização pelo lesado, podendo todavia este opor-se de novo à aplicação então dos prazos em causa.

Artigo 38.º
Proposta razoável

1 – A posição prevista na alínea e) do n.º 1 ou no n.º 5 do artigo 36.º consubstancia-se numa proposta razoável de indemnização, no caso de a responsabilidade não ser contestada e de o dano sofrido ser quantificável, no todo ou em parte.

2 – Em caso de incumprimento dos deveres fixados nas disposições identificadas no número anterior, quando revistam a forma dele constante, são devidos juros no dobro da taxa legal prevista na lei aplicável ao caso sobre o montante da indemnização fixado pelo tribunal ou, em alternativa, sobre o montante da indemnização proposto para além do prazo pela empresa de seguros, que seja aceite pelo lesado, e a partir do fim desse prazo.

3 – Se o montante proposto nos termos da proposta razoável for manifestamente insuficiente, são devidos juros no dobro da taxa prevista na lei aplicável ao caso, sobre a diferença entre o montante oferecido e o montante fixado na decisão judicial, contados a partir do dia seguinte ao final dos prazos previstos nas disposições identificadas no n.º 1 até à data da decisão judicial ou até à data estabelecida na decisão judicial.

4 – Para efeitos do disposto no presente artigo, entende-se por proposta razoável aquela que não gere um desequilíbrio significativo em desfavor do lesado.

Artigo 39.º
Proposta razoável para regularização dos sinistros que envolvam danos corporais

1 – A posição prevista na alínea c) do n.º 1 ou na alínea b) do n.º 2 do artigo 37.º consubstancia-se numa proposta razoável de indemnização, no caso de a responsabilidade não ser contestada e de o dano sofrido ser quantificável, no todo ou em parte.

2 – Em caso de incumprimento dos deveres fixados nas disposições identificadas no número anterior, quando revistam a forma dele constante, é aplicável o previsto nos n.os 2 e 3 do artigo anterior.

3 – Todavia, quando a proposta da empresa de seguros tiver sido efectuada nos termos substanciais e procedimentais previstos no sistema de avaliação e valorização dos danos corporais por utilização da Tabela Indicativa para Avaliação de Incapacidades Permanentes em Direito Civil, os juros nos termos do número anterior são devidos apenas à taxa legal prevista na lei aplicável ao caso e sobre a diferença entre o montante oferecido e o montante fixado na decisão judicial, e, relativamente aos danos não patrimoniais, a partir da data da decisão judicial que torne líquidos os montantes devidos.

4 – Relativamente aos prejuízos futuros, a proposta prevista no n.º 1 pode ser limitada ao prejuízo mais provável para os três meses seguintes à data de apresentação dessa proposta, excepto se já for conhecido o quadro médico e clínico do lesado, e sem prejuízo da sua futura adaptação razoável.

5 – Para os efeitos previstos no n.º 3, na ausência, na Tabela nele mencionada, dos critérios e valores de determinação do montante da indemnização correspectiva a cada lesão nela prevista, são aplicáveis os critérios e valores orientadores constantes de portaria aprovada pelos Ministros das Finanças e da Justiça, sob proposta do Instituto de Seguros de Portugal.

6 – É aplicável ao presente artigo o disposto no n.º 4 do artigo anterior.

Artigo 40.º
Resposta fundamentada

1 – A comunicação da não assunção da responsabilidade, nos termos previstos nas disposições identificadas nos n.os 1 dos artigos 38.º e 39.º, consubstancia-se numa resposta fundamentada em todos os pontos invocados no pedido nos seguintes casos:

a) A responsabilidade tenha sido rejeitada;
b) A responsabilidade não tenha sido claramente determinada;
c) Os danos sofridos não sejam totalmente quantificáveis.

2 – Em caso de atraso no cumprimento dos deveres fixados nas disposições identificadas nos n.os 1 dos artigos 38.º e 39.º, quando revistam a forma constante do número anterior, para além dos juros devidos a partir do 1.º dia de atraso sobre o montante previsto no n.º 2 do artigo anterior, esta constitui-se devedora para com o lesado e para com o Instituto de Seguros de Portugal, em partes iguais, de uma quantia de (euro) 200 por cada dia de atraso.

Artigo 41.º
Perda total

1 – Entende-se que um veículo interveniente num acidente se considera em situação de perda total, na qual a obrigação de indemnização é cumprida em dinheiro e não através da reparação do veículo, quando se verifique uma das seguintes hipóteses:
   a) Tenha ocorrido o seu desaparecimento ou a sua destruição total;
   b) Se constate que a reparação é materialmente impossível ou tecnicamente não aconselhável, por terem sido gravemente afectadas as suas condições de segurança;
   c) Se constate que o valor estimado para a reparação dos danos sofridos, adicionado do valor do salvado, ultrapassa 100 % ou 120 % do valor venal do veículo consoante se trate respectivamente de um veículo com menos ou mais de dois anos.

2 – O valor venal do veículo antes do sinistro corresponde ao seu valor de substituição no momento anterior ao acidente.

3 – O valor da indemnização por perda total corresponde ao valor venal do veículo antes do sinistro calculado nos termos do número anterior, deduzido do valor do respectivo salvado caso este permaneça na posse do seu proprietário, de forma a reconstituir a situação que existiria se não se tivesse verificado o evento que obriga à indemnização.

4 – Ao propor o pagamento de uma indemnização com base no conceito de perda total, a empresa de seguros está obrigada a prestar, cumulativamente, as seguintes informações ao lesado:
   a) A identificação da entidade que efectuou a quantificação do valor estimado da reparação e a apreciação da sua exequibilidade;
   b) O valor venal do veículo no momento anterior ao acidente;
   c) A estimativa do valor do respectivo salvado e a identificação de quem se compromete a adquiri-lo com base nessa avaliação.

5 – Nos casos de perda total do veículo a matrícula é cancelada nos termos do artigo 119.º do Código da Estrada.

Artigo 42.º
Veículo de substituição

1 – Verificando-se a imobilização do veículo sinistrado, o lesado tem direito a um veículo de substituição de características semelhantes a partir da data em que a empresa de seguros assuma a responsabilidade exclusiva pelo ressarcimento dos danos resultantes do acidente, nos termos previstos nos artigos anteriores.

2 – No caso de perda total do veículo imobilizado, nos termos e condições do artigo anterior, a obrigação mencionada no número anterior cessa no momento em que a empresa de seguros coloque à disposição do lesado o pagamento da indemnização.

3 – A empresa de seguros responsável comunica ao lesado a identificação do local onde o veículo de substituição deve ser levantado e a descrição das condições da sua utilização.

4 – O veículo de substituição deve estar coberto por um seguro de cobertura igual ao seguro existente para o veículo imobilizado, cujo custo fica a cargo da empresa de seguros responsável.

5 – O disposto neste artigo não prejudica o direito de o lesado ser indemnizado, nos termos gerais, no excesso de despesas em que incorreu com transporte em consequência da imobilização do veículo durante o período em que não dispôs do veículo de substituição.

6 – Sempre que a reparação seja efectuada em oficina indicada pelo lesado, a empresa de seguros disponibiliza o veículo de substituição pelo período estritamente necessário à reparação, tal como indicado no relatório da peritagem.

Artigo 43.º
Pagamento da indemnização

1 – Salvo acordo em contrário, a empresa de seguros responsável deve proceder ao pagamento ao lesado da indemnização decorrente do sinistro no prazo de oito dias úteis a contar da data da assunção da responsabilidade, nos termos das disposições identificadas nos n.ᵒˢ 1 dos artigos 38.º e 39.º, e mediante a apresentação dos documentos necessários ao pagamento.

2 – O disposto no número anterior não prejudica o pagamento aos terceiros prestadores de serviços em prazos mais dilatados, desde que tal tenha sido com eles convencionado e daí não decorra um agravamento das condições de ressarcimento dos danos sofridos pelo lesado.

3 – No caso em que a empresa de seguros não proceda ao pagamento da indemnização que por ela seja devida no prazo fixado no n.º 1, esta deve pagar ao lesado juros de mora, no dobro da taxa legal, sobre o montante devido e não pago, desde a data em que tal quantia deveria ter sido paga, nos termos deste artigo, até à data em que esse pagamento venha a concretizar-se.

4 – Verificando-se uma situação de perda total, em que a empresa de seguros adquira o salvado, o pagamento da indemnização fica dependente da entrega àquela do documento único automóvel ou do título de registo de propriedade e do livrete do veículo.

ARTIGO 44.º
Reclamações e arbitragem

1 – Sem prejuízo de outras competências fixadas na lei, compete ao Instituto de Seguros de Portugal a recepção das reclamações e a prestação de informações relativas à aplicação do disposto no presente capítulo.

2 – As empresas de seguros devem, nas suas comunicações com os tomadores de seguros, com os segurados ou com os terceiros lesados, prestar informação sobre a sua adesão à arbitragem voluntária, indicando as entidades que procedem a essa arbitragem.

3 – Se o tomador do seguro, o segurado ou o terceiro lesado não concordar com a decisão comunicada nos termos das disposições identificadas nos n.os 1 dos artigos 38.º e 39.º, e não aceitar o recurso à arbitragem, a empresa de seguros fica dispensada do cumprimento dos prazos previstos no artigo anterior.

ARTIGO 45.º
Códigos de conduta, convenções ou acordos

1 – Sem prejuízo do disposto no presente capítulo, as empresas de seguros ou as suas associações podem aprovar códigos de conduta, convenções ou acordos que assegurem procedimentos mais céleres, sem diminuir a protecção dos consumidores assegurada pela lei.

2 – As empresas de seguros devem, nas suas comunicações com os tomadores de seguros, com os segurados e com os terceiros lesados, prestar informação sobre a sua adesão a códigos de conduta, convenções ou acordos, a identificação dos seus subscritores e as regras atinentes à sua aplicação.

3 – Quando, nos termos dos códigos de conduta, convenções ou acordos e com o enquadramento neles previsto, a regularização e o acompanhamento do sinistro sejam feitos por uma empresa de seguros por conta de outrem, as obrigações previstas no presente capítulo impendem sobre aquela.

ARTIGO 46.º
Comunicações e notificações

As comunicações ou notificações previstas no presente capítulo consideram-se válidas e plenamente eficazes caso sejam efectuadas por correio registado, transmissão por telecópia, correio electrónico ou por outro meio do qual fique um registo escrito ou gravado, desde que a empresa de seguros esteja autorizada a fazê-lo nos termos da lei.

CAPÍTULO IV
Garantia da reparação de danos na falta de seguro obrigatório

ARTIGO 47.º
Fundo de Garantia Automóvel

1 – A reparação dos danos causados por responsável desconhecido ou isento da obrigação de seguro em razão do veículo em si mesmo, ou por responsável incumpridor da obrigação de seguro de responsabilidade civil automóvel, é garantida pelo Fundo de Garantia Automóvel nos termos da secção seguinte.

2 – O Fundo de Garantia Automóvel é dotado de autonomia administrativa e financeira.

3 – Os órgãos do Instituto de Seguros de Portugal asseguram a gestão do Fundo de Garantia Automóvel.

4 – O Fundo de Garantia Automóvel, existente nos termos do Decreto-Lei n.º 522/85, de 31 de Dezembro, mantém todos os seus direitos e obrigações.

5 – O Fundo de Garantia Automóvel pode efectuar o resseguro das suas responsabilidades.

SECÇÃO I
Atribuições do Fundo de Garantia Automóvel

SUBSECÇÃO I
Pagamento de indemnizações

ARTIGO 48.º
Âmbito geográfico e veículos relevantes

1 – Sem prejuízo do previsto no n.º 3 do artigo 5.º, o Fundo de Garantia Automóvel satisfaz, nos termos da presente secção, as indemnizações decorrentes de acidentes rodoviários ocorridos em Portugal e originados:
   a) Por veículo cujo responsável pela circulação está sujeito ao seguro obrigatório e, seja com estacionamento habitual em Portugal, seja matriculados em países que não tenham serviço nacional de seguros, ou cujo serviço não tenha aderido ao Acordo entre os serviços nacionais de seguros;

b) Por veículo cujo responsável pela circulação está sujeito ao seguro obrigatório sem chapa de matrícula ou com uma chapa de matrícula que não corresponde ou deixou de corresponder ao veículo, independentemente desta ser a portuguesa;

c) Por veículo cujo responsável pela circulação está isento da obrigação de seguro em razão do veículo em si mesmo, ainda que com estacionamento habitual no estrangeiro.

2 – No caso previsto na alínea c) do número anterior, é aplicável o previsto no artigo 54.º relativamente ao responsável civil.

Artigo 49.º
Âmbito material

1 – O Fundo de Garantia Automóvel garante, nos termos do n.º 1 do artigo anterior, e até ao valor do capital mínimo do seguro obrigatório de responsabilidade civil automóvel, a satisfação das indemnizações por:

a) Danos corporais, quando o responsável seja desconhecido ou não beneficie de seguro válido e eficaz, ou for declarada a insolvência da empresa de seguros;

b) Danos materiais, quando o responsável, sendo conhecido, não beneficie de seguro válido e eficaz;

c) Danos materiais, quando, sendo o responsável desconhecido, deva o Fundo satisfazer uma indemnização por danos corporais significativos, ou tenha o veículo causador do acidente sido abandonado no local do acidente, não beneficiando de seguro válido e eficaz, e a autoridade policial haja efectuado o respectivo auto de notícia, confirmando a presença do veículo no local do acidente.

2 – Para os efeitos previstos na primeira parte da alínea c) do número anterior, consideram-se danos corporais significativos a lesão corporal que determine morte ou internamento hospitalar igual ou superior a sete dias, ou incapacidade temporária absoluta por período igual ou superior a 60 dias, ou incapacidade parcial permanente igual ou superior a 15 %.

3 – Para os efeitos previstos na segunda parte da alínea c) do n.º 1, considera-se aplicável ao veículo abandonado a exclusão prevista na alínea a) do n.º 4 do artigo 14.º

ARTIGO 50.º
Fundado conflito

1 – Ocorrendo um fundado conflito entre o Fundo de Garantia Automóvel e uma empresa de seguros sobre qual deles recai o dever de indemnizar, deve o Fundo reparar os danos sofridos pelo lesado que caiba indemnizar, sem prejuízo de vir a ser reembolsado pela empresa de seguros, se sobre esta vier a final a impender essa responsabilidade, e em termos correspondentes aos previstos no n.º 1 do artigo 54.º, adicionados dos juros de mora à taxa legal, devidos desde a data do pagamento da indemnização pelo Fundo, e incrementados estes últimos em 25 %.

2 – O Fundo comunica a situação de conflito à empresa de seguros e aos lesados reclamantes em prazo até 20 dias úteis a contar da data em que tenha conhecimento da ocorrência do acidente.

3 – O incremento previsto na parte final do n.º 1 não é devido caso a empresa de seguros assuma, sem recurso à via judicial, o dever de reembolsar o Fundo de Garantia Automóvel.

ARTIGO 51.º
Limites especiais à responsabilidade do Fundo

1 – Caso o acidente previsto nos artigos 48.º e 49.º seja também de trabalho ou de serviço, o Fundo só responde por danos materiais e, relativamente ao dano corporal, pelos danos não patrimoniais e os danos patrimoniais não abrangidos pela lei da reparação daqueles acidentes, incumbindo, conforme os casos, às empresas de seguros, ao empregador ou ao Fundo de Acidentes de Trabalho as demais prestações devidas aos lesados nos termos da lei específica de acidentes de trabalho ou de serviço, salvo inexistência do seguro de acidentes de trabalho, caso em que o FGA apenas não responde pelas prestações devidas a título de invalidez permanente.

2 – Se o lesado por acidente previsto nos artigos 48.º e 49.º beneficiar da cobertura de um contrato de seguro automóvel de danos próprios, a reparação dos danos do acidente que sejam subsumíveis nos respectivos contratos incumbe às empresas de seguros, ficando a responsabilidade do Fundo limitada ao pagamento do valor excedente.

3 – Quando, por virtude de acidente previsto nos artigos 48.º e 49.º, o lesado tenha direito a prestações ao abrigo do sistema de protecção da segurança social, o Fundo só garante a reparação dos danos na parte em que estes ultrapassem aquelas prestações.

4 – As entidades que satisfaçam os pagamentos previstos nos números anteriores têm direito de regresso contra o responsável civil do acidente e sobre quem impenda a obrigação de segurar, que respondem solidariamente.

5 – O lesado pelo acidente previsto nos artigos 48.º e 49.º não pode cumular as indemnizações a que tenha direito a título de responsabilidade civil automóvel e de beneficiário de prestações indemnizatórias ao abrigo de seguro de pessoas transportadas.

6 – O pagamento pela empresa de seguros da indemnização prevista no n.º 2 não dá, em si, lugar a alteração de prémio do respectivo seguro quando o dano reparado for da exclusiva responsabilidade do interveniente sem seguro.

Artigo 52.º
Exclusões

1 – São aplicáveis ao Fundo de Garantia Automóvel as exclusões previstas para o seguro obrigatório de responsabilidade civil automóvel.

2 – Estão também excluídos da garantia do Fundo de Garantia Automóvel:
  a) Os danos materiais causados aos incumpridores da obrigação de seguro de responsabilidade civil automóvel;
  b) Os danos causados aos passageiros que voluntariamente se encontrassem no veículo causador do acidente, sempre que o Fundo prove que tinham conhecimento de que o veículo não estava seguro;
  c) Os danos sofridos pelo causador doloso do acidente, pelos autor, cúmplice, encobridor e receptador de roubo, furto ou furto de uso de veículo que intervenha no acidente, bem como pelo passageiro nele transportado que conhecesse a posse ilegítima do veículo, e de livre vontade nele fosse transportado.

Artigo 53.º
Competências no âmbito do título II

No âmbito da protecção objecto do título II, compete ao Fundo de Garantia Automóvel, enquanto organismo de indemnização, satisfazer as indemnizações e reembolsar os organismos de indemnização dos demais Estados membros nos termos aí previstos.

SUBSECÇÃO II
Reembolsos

Artigo 54.º
Sub-rogação do Fundo

1 – Satisfeita a indemnização, o Fundo Garantia Automóvel fica sub-rogado nos direitos do lesado, tendo ainda direito ao juro de mora legal e ao reembolso das despesas que houver feito com a instrução e regularização dos processos de sinistro e de reembolso.

2 – No caso de insolvência, o Fundo de Garantia Automóvel fica subrogado apenas contra a empresa de seguros insolvente.

3 – São solidariamente responsáveis pelo pagamento ao Fundo de Garantia Automóvel, nos termos do n.º 1, o detentor, o proprietário e o condutor do veículo cuja utilização causou o acidente, independentemente de sobre qual deles recaia a obrigação de seguro.

4 – São subsidiariamente responsáveis pelo pagamento ao Fundo de Garantia Automóvel, nos termos do n.º 1, os que tenham contribuído para o erro ou vício determinante da anulabilidade ou nulidade do contrato de seguro e ainda o comerciante de veículos automóveis que não cumpra as formalidades de venda relativas à obrigação de seguro de responsabilidade civil automóvel.

5 – As entidades que reembolsem o Fundo nos termos dos n.ºs 3 e 4 beneficiam de direito de regresso contra outros responsáveis, se os houver, relativamente ao que tiverem pago.

6 – Aos direitos do Fundo de Garantia Automóvel previstos nos números anteriores é aplicável o n.º 2 do artigo 498.º do Código Civil, sendo relevante para o efeito, em caso de pagamentos fraccionados por lesado ou a mais do que um lesado, a data do último pagamento efectuado pelo Fundo de Garantia Automóvel.

Artigo 55.º
Outros reembolsos

1 – O Fundo de Garantia Automóvel reembolsa o Gabinete Português da Carta Verde pelo montante despendido por este, ao abrigo do Acordo entre os serviços nacionais de seguros, em consequência das indemnizações devidas por acidentes causados por veículos matriculados em Portugal e sujeitos ao seguro obrigatório previsto neste decreto-lei, desde que:

    a) O acidente ocorra no território de outro país cujo serviço nacional de seguros tenha aderido àquele Acordo, ou ainda no trajecto que ligue directamente dois territórios onde o Acordo do Espaço Económico Europeu é aplicável, quando no território atravessado não exista serviço nacional de seguros;

b) O responsável pela circulação do veículo não seja titular de um seguro de responsabilidade civil automóvel;

c) As indemnizações tenham sido atribuídas nas condições previstas para o seguro de responsabilidade civil automóvel na legislação nacional do país onde ocorreu o acidente, ou nos termos da alínea b) do n.º 1 do artigo 10.º, quando o acidente ocorreu no trajecto que liga directamente dois territórios onde o Acordo do Espaço Económico Europeu é aplicável.

2 – Para os efeitos do disposto no número anterior, o Gabinete Português da Carta Verde deve transmitir ao Fundo todas as indicações relativas à identificação e circunstâncias do acidente, do responsável, do veículo e das vítimas, para além de dever justificar o pagamento efectuado ao serviço nacional de seguros do país onde ocorreu o acidente.

3 – O Fundo reembolsa e é reembolsado, nos termos dos acordos celebrados com entidades congéneres de outros Estados membros ou de outros países que tenham relações preferenciais baseados em acordos celebrados com a União Europeia no campo específico da actividade seguradora «Não vida», dos montantes resultantes da regularização de sinistros cobertos por empresas de seguros declaradas em insolvência ou causados pela condução de veículo não sujeito à obrigação de seguro com estacionamento habitual num desses Estados.

4 – Satisfeito o reembolso, o Fundo fica sub-rogado nos termos do artigo 54.º

ARTIGO 56.º
Dever de colaboração

1 – Todas as entidades públicas ou privadas de cuja colaboração o Fundo de Garantia Automóvel careça para efectuar, nos termos da presente secção, a cobrança dos reembolsos, devem prestar, de forma célere e eficaz, as informações e o demais solicitado, sem prejuízo do sigilo a que estejam obrigadas por lei.

2 – As informações e os dados conhecidos nos termos do número anterior não podem ser transmitidos a terceiros.

ARTIGO 57.º
Sub-rogação e reembolsos do Fundo no âmbito do título II

No âmbito da protecção objecto do título II, o Fundo de Garantia Automóvel, enquanto organismo de indemnização, procede aos reembolsos e goza dos direitos de reembolso e de sub-rogação aí previstos.

SECÇÃO II
Gestão financeira

Artigo 58.º
Receitas do Fundo

1 – Constituem receitas do Fundo de Garantia Automóvel:

a) A contribuição resultante da aplicação de uma percentagem sobre o montante total dos prémios comerciais da cobertura obrigatória do seguro de responsabilidade civil automóvel processados no ano anterior, líquidos de estornos e anulações;

b) A contribuição resultante da aplicação de uma percentagem sobre o montante total dos prémios comerciais de todos os contratos de «Seguro automóvel» processados no ano anterior, líquidos de estornos e anulações, destinada à prevenção rodoviária;

c) O resultado dos reembolsos efectuados para o Fundo ao abrigo da sub-rogação nos direitos do lesado e dos acordos celebrados com entidades congéneres previstos na presente lei;

d) As taxas de gestão cobradas aos organismos de indemnização dos demais Estados membros aquando da percepção dos reembolsos previstos no título ii;

e) A remuneração de aplicações financeiras, bem como os rendimentos dos imóveis da propriedade do Fundo;

f) As doações, heranças ou legados;

g) Os valores recebidos decorrentes de contratos de resseguro celebrados ao abrigo do n.º 5 do artigo 47.º;

h) Quaisquer outras receitas que lhe venham a ser atribuídas.

2 – A percentagem referida na alínea a) do número anterior é fixada em 2,5 % ao ano, podendo, quando se revelar necessário, ser alterada por portaria do Ministro de Estado e das Finanças, sob proposta do Instituto de Seguros de Portugal.

3 – A percentagem referida na alínea b) do n.º 1 é fixada em 0,21 % ao ano, podendo, quando se revelar necessário, ser alterada por despacho conjunto dos Ministros de Estado e das Finanças e da Administração Interna, sob proposta do Instituto de Seguros de Portugal.

4 – As empresas de seguros devem cobrar as contribuições previstas nas alíneas a) e b) do n.º 1 conjuntamente com o prémio do seguro, sendo responsáveis por essas cobranças perante o Fundo e devendo as mesmas, bem como as respectivas bases de incidência, ser mencionadas especificamente no recibo emitido pela empresa de seguros.

5 – Em caso de estorno do prémio de seguro em razão da extinção do respectivo contrato, o estorno das contribuições cobradas pela empresa de seguros para o Fundo, nos termos do número anterior, é efectuado nas mesmas percentagens previstas nos n.ᵒˢ 2 e 3.

6 – As contribuições cobradas pelas empresas de seguros nos termos do n.º 4 são entregues ao Fundo no mês seguinte a cada trimestre civil de cobrança.

7 – Em situações excepcionais, devidamente comprovadas, o Estado pode assegurar uma dotação correspondente ao montante dos encargos que excedam as receitas arrecadadas pelo Fundo.

8 – O previsto nas alíneas a) e b) do n.º 1 só entra em vigor relativamente às contribuições cobradas a partir de 1 de Janeiro de 2008.

Artigo 59.º
Despesas do Fundo

Constituem despesas do Fundo de Garantia Automóvel:
a) Os encargos decorrentes da regularização dos sinistros participados e os custos inerentes à instrução e gestão dos processos de sinistro e de reembolso;
b) Reembolsos efectuados ao Gabinete Português de Carta Verde e aos fundos de garantia congéneres nos termos da presente lei;
c) Os custos de campanhas, que entenda patrocinar, destinadas a promover e esclarecer o seguro obrigatório de responsabilidade civil automóvel e motivar o cumprimento da respectiva obrigação;
d) A entrega às entidades fixadas para o efeito por despacho do Ministro da Administração Interna do montante anual previsto na alínea b) do n.º 1 e no n.º 3 do artigo anterior;
e) Os valores despendidos por força dos contratos de resseguro celebrados nos termos do n.º 5 do artigo 47.º;
f) Outros encargos relacionados com a gestão do Fundo, nomeadamente avisos e publicidade.

Artigo 60.º
Pagamentos antecipados ao Fundo

1 – A fim de habilitar o Fundo de Garantia Automóvel a solver eventuais compromissos superiores às suas disponibilidades de tesouraria, pode este recorrer às empresas de seguros, até ao limite de 10 % do montante cobrado aos tomadores de seguro, nos termos da alínea a) do n.º 1 do artigo 58.º, no ano civil anterior àquele em que o pedido é efectuado.

2 – As importâncias arrecadadas nos termos do número anterior são compensáveis durante o exercício seguinte.

SECÇÃO III
Disposições processuais

Artigo 61.º
Jurisdição

Dos actos e decisões do Fundo de Garantia Automóvel cabe recurso para os tribunais comuns.

Artigo 62.º
Legitimidade

1 – As acções destinadas à efectivação da responsabilidade civil decorrente de acidente de viação, quando o responsável seja conhecido e não beneficie de seguro válido e eficaz, são propostas contra o Fundo de Garantia Automóvel e o responsável civil, sob pena de ilegitimidade.

2 – Quando o responsável civil por acidentes de viação for desconhecido, o lesado demanda directamente o Fundo de Garantia Automóvel.

3 – Se nos casos previstos nos números anteriores o acidente de viação for, nos termos do n.º 2 do artigo 51.º, subsumível em contrato de seguro automóvel de danos próprios, a acção deve ser proposta também contra a respectiva empresas de seguros.

Artigo 63.º
Isenções

1 – O Fundo de Garantia Automóvel, no exercício do direito de sub-rogação previsto no presente decreto-lei, está isento de custas.

2 – Estão isentos de tributação emolumentar os actos de registo de apreensão de veículos promovidos pelo Fundo de Garantia Automóvel.

CAPÍTULO V
Disposições processuais

ARTIGO 64.º *
Legitimidade das partes e outras regras

1 – As acções destinadas à efectivação da responsabilidade civil decorrente de acidente de viação, quer sejam exercidas em processo civil quer o sejam em processo penal, e em caso de existência de seguro, devem ser deduzidas obrigatoriamente:
   a) Só contra a empresa de seguros, quando o pedido formulado se contiver dentro do capital mínimo obrigatório do seguro obrigatório;
   b) Contra a empresa de seguros e o civilmente responsável, quando o pedido formulado ultrapassar o limite referido na alínea anterior.

2 – Nas acções referidas na alínea a) do número anterior pode a empresa de seguros, se assim o entender, fazer intervir o tomador do seguro.

3 – Quando, por razão não imputável ao lesado, não for possível determinar qual a empresa de seguros, aquele tem a faculdade de demandar directamente o civilmente responsável, devendo o tribunal notificar oficiosamente este último para indicar ou apresentar documento que identifique a empresa de seguros do veículo interveniente no acidente.

4 – O demandado pode exonerar-se da obrigação referida no número anterior se justificar que é outro o possuidor ou detentor e o identificar, caso em que este é notificado para os mesmos efeitos.

5 – Constitui contra-ordenação, punida com coima de (euro) 200 a (euro) 2000 o incumprimento do dever de indicar ou de apresentar documento que identifique a empresa de seguros que cobre a responsabilidade civil relativa à circulação do veículo interveniente no acidente no prazo fixado pelo tribunal.

6 – Nas acções referidas no n.º 1, que sejam exercidas em processo cível, é permitida a reconvenção contra o autor e a sua empresa de seguros.

7 – Para efeitos de apuramento do rendimento mensal do lesado no âmbito da determinação do montante da indemnização por danos patrimoniais a atribuir ao lesado, o tribunal deve basear-se nos rendimentos líquidos auferidos à data do acidente que se encontrem fiscalmente comprovados, uma vez cumpridas as obrigações declarativas relativas àquele período, constantes de legislação fiscal.

8 – Para os efeitos do número anterior, o tribunal deve basear-se no montante da retribuição mínima mensal garantida (RMMG) à data da ocorrência, relativamente a lesados que não apresentem declaração de rendimentos, não tenham profissão certa ou cujos rendimentos sejam inferiores à RMMG.

---
* Na redacção do art. 1º DL 153/2008, 6 Ago..

9 – Para os efeitos do n.º 7, no caso de o lesado estar em idade laboral e ter profissão, mas encontrar-se numa situação de desemprego, o tribunal deve considerar, consoante o que for mais favorável ao lesado:
   a) A média dos últimos três anos de rendimentos líquidos declarados fiscalmente, majorada de acordo com a variação do índice de preços no consumidor, considerando o seu total nacional, excepto habitação, nos anos em que não houve rendimento; ou
   b) O montante mensal recebido a título de subsídio de desemprego.

TÍTULO III
Da protecção em caso de acidente no estrangeiro

CAPÍTULO I
Disposições gerais

Artigo 65.º
Âmbito da protecção

1 – São protegidos nos termos do presente título os lesados residentes em Portugal com direito a indemnização por dano sofrido em resultado de acidente causado pela circulação de veículo terrestre a motor habitualmente estacionado e segurado num Estado membro e ocorrido, ou em Estado membro que não Portugal, ou, sem prejuízo do fixado no n.º 1 do artigo 74.º, em país terceiro aderente ao sistema da «carta verde».

2 – O disposto no capítulo ii e na secção i do capítulo iv do presente título não é todavia aplicável aos danos resultantes de acidente causado pela utilização de veículo habitualmente estacionado em Portugal e segurado em estabelecimento situado em Portugal.

Artigo 66.º
Colaboração

Todas as entidades de cujo concurso o Instituto de Seguros de Portugal e o Fundo de Garantia Automóvel careçam para o cumprimento das funções que lhe estão atribuídas nos termos do presente título devem colaborar com estes de forma célere e eficaz.

CAPÍTULO II
Empresas de seguros

Artigo 67.º
Representante para sinistros

1 – As empresas de seguros sediadas em Portugal, bem como as sucursais em Portugal de empresas com sede fora do território do espaço económico europeu, autorizadas para a cobertura de riscos do ramo «Responsabilidade civil de veículos terrestres a motor», com excepção da responsabilidade do transportador, têm liberdade de escolha do representante, em cada um dos demais Estados membros, para o tratamento e a regularização, no país de residência da vítima, dos sinistros ocorridos num Estado distinto do da residência desta («representante para sinistros»).

2 – O representante para sinistros, que deve residir ou encontrar-se estabelecido no Estado membro para que for designado, pode agir por conta de uma ou várias empresas de seguros.

3 – O representante para sinistros deve ainda dispor de poderes suficientes para representar a empresa de seguros junto das pessoas lesadas nos casos referidos no n.º 1 e satisfazer plenamente os seus pedidos de indemnização e, bem assim, estar habilitado a examinar o caso na língua ou línguas oficiais do Estado membro de residência da pessoa lesada.

4 – O representante para sinistros deve reunir todas as informações necessárias relacionadas com a regularização dos sinistros em causa e, bem assim, tomar as medidas necessárias para negociar a sua regularização.

5 – A designação do representante para sinistros previsto no presente artigo não prejudica o disposto no artigo 64.º, relativamente aos acidentes em que seja devida a aplicação da lei portuguesa.

6 – As empresas de seguros previstas no n.º 1 devem comunicar aos centros de informação de todos os Estados membros o nome e o endereço do representante para sinistros por si designados nos termos do n.º 1.

7 – A designação do representante para sinistros não equivale, por si, à abertura de uma sucursal, não devendo o representante para sinistros ser considerado um estabelecimento para efeitos de determinação de foro, nomeadamente para a regularização judicial de sinistros.

Artigo 68.º
Procedimento de proposta razoável

Para os efeitos da aplicação do regime previsto no capítulo ii do título i aos acidentes objecto do presente título, o lesado pode apresentar o seu pedido de indemnização ao representante para sinistros.

CAPÍTULO III
Organismo de indemnização

ARTIGO 69.º
Instituição

O Fundo de Garantia Automóvel garante a indemnização dos lesados referidos no artigo 65.º, nos termos do presente capítulo.

SECÇÃO I
Regime geral

ARTIGO 70.º
Legitimidade para o pedido de indemnização

1 – Os lesados residentes em Portugal podem apresentar um pedido de indemnização ao Fundo de Garantia Automóvel se, não constando tal pedido de acção judicial interposta directamente contra a empresa de seguros:
   a) Nos prazos previstos na alínea e) do n.º 1 e do n.º 6 do artigo 36.º, e na alínea c) do n.º 1 e na alínea b) do n.º 2 do artigo 37.º, nem empresa de seguros do veículo cuja utilização causou o acidente nem o respectivo representante para sinistros tiver apresentado uma resposta fundamentada aos argumentos aduzidos no pedido de indemnização;
   b) A empresa de seguros não tiver designado um representante para sinistros em Portugal.

2 – Carecem da legitimidade prevista na alínea b) do número anterior os lesados que tenham apresentado o pedido de indemnização directamente à empresa de seguros do veículo cuja utilização causou o acidente e tenham recebido uma resposta fundamentada nos prazos mencionados na alínea a) do número anterior.

ARTIGO 71.º
Resposta ao pedido de indemnização

1 – O Fundo de Garantia Automóvel dá resposta ao pedido de indemnização no prazo de dois meses a contar da data da sua apresentação pelo lesado, sem prejuízo da possibilidade de pôr termo à sua intervenção se a empresa de seguros ou o seu representante para sinistros tiver entretanto apresentado uma resposta fundamentada ao pedido.

2 – Assim que receba um pedido de indemnização, o Fundo de Garantia Automóvel informa imediatamente do mesmo, bem como de que vai responder-lhe no prazo previsto no número anterior, a empresa de seguros do veículo cuja utilização causou o acidente ou o seu representante para sinistros, o organismo de indemnização do Estado membro do estabelecimento da empresa de seguros que efectuou o contrato de seguro e, bem assim, caso seja conhecida, a pessoa que causou o acidente.

3 – O Fundo de Garantia Automóvel não pode subordinar o pagamento da indemnização a condições diferentes das estabelecidas no presente título, nomeadamente à de a vítima provar, por qualquer meio, que a pessoa responsável não pode ou não quer pagar.

4 – A intervenção do Fundo de Garantia Automóvel nos termos do presente artigo é subsidiária da obrigação da empresa de seguros, pelo que, designadamente, depende do não cumprimento pela empresa de seguros ou pelo civilmente responsável.

5 – Nos casos em que os lesados tenham apresentado pedido judicial de indemnização ao civilmente responsável, o pagamento pelo Fundo de Garantia Automóvel é por este comunicado ao respectivo tribunal.

Artigo 72.º

Reembolso

Tendo procedido ao pagamento nos termos do artigo anterior, o Fundo de Garantia Automóvel tem o direito de pedir ao organismo de indemnização do Estado membro do estabelecimento da empresa de seguros do veículo cuja utilização causou o acidente o reembolso do montante pago.

Artigo 73.º

Sub-rogação

1 – O Fundo de Garantia Automóvel, na qualidade de organismo de indemnização do Estado membro do estabelecimento da empresa de seguros do veículo cuja utilização causou o acidente, deve reembolsar o organismo de indemnização de outro Estado membro que assim lho solicite após indemnizar o lesado aí residente, nos termos do artigo 6.º da Directiva n.º 2000/26/CE, do Parlamento Europeu e do Conselho, de 16 de Maio.

2 – O Fundo de Garantia Automóvel fica sub-rogado nos direitos do lesado face à pessoa causadora do acidente e à respectiva empresa de seguros na medida em que tenha procedido ao reembolso previsto no número anterior.

SECÇÃO II
Regime especial

ARTIGO 74.º
**Intervenção em caso de não identificação
de veículo ou de empresa de seguros**

1 – Relativamente a acidentes ocorridos noutros Estados membros, os lesados residentes em Portugal podem também apresentar um pedido de indemnização ao Fundo de Garantia Automóvel quando não for possível identificar o veículo cuja utilização causou o acidente, ou se, no prazo de dois meses após o acidente, não for possível identificar a empresa de seguros daquele.

2 – O presente artigo é também aplicável aos acidentes causados por veículos de um país terceiro aderente ao sistema da «carta verde».

3 – A indemnização é paga nos termos e limites em que tenha ocorrido a transposição do artigo 1.º da Directiva n.º 84/5/CEE, do Conselho, de 30 de Dezembro de 1983, pelo Estado membro onde ocorreu o acidente.

4 – O Fundo de Garantia Automóvel tem então o direito de apresentar um pedido de reembolso, nas condições previstas no artigo 72.º:
   a) Se não for possível identificar a empresa de seguros, junto do Fundo de Garantia criado ao abrigo do n.º 4 do artigo 1.º da Directiva n.º 84/5/CEE, do Conselho, de 30 de Dezembro de 1983, do Estado membro onde o veículo tem o seu estacionamento habitual;
   b) Se não for possível identificar o veículo, ou no caso de veículos de países terceiros, junto de idêntico Fundo de Garantia do Estado membro onde ocorreu o acidente.

ARTIGO 75.º
Reembolso a organismo de indemnização de outro Estado membro

O Fundo de Garantia Automóvel, na qualidade de organismo de indemnização do Estado membro onde o veículo tem o seu estacionamento habitual ou onde ocorreu o acidente, deve reembolsar o organismo de indemnização de outro Estado membro que assim lho solicite após indemnizar o lesado aí residente nos termos do artigo anterior.

TÍTULO IV
Informação para a regularização de sinistros automóvel

Artigo 76.º
Dados informativos de base

1 – Para efeitos do disposto no presente decreto-lei, o Instituto de Seguros de Portugal é responsável pela manutenção de um registo com as seguintes informações relativas aos veículos terrestres a motor habitualmente estacionados em Portugal:
   a) Números de matrícula;
   b) Número das apólices de seguro que cobrem o risco de responsabilidade civil decorrente da sua utilização, com excepção da responsabilidade do transportador e, no caso do respectivo prazo de validade ter caducado, o termo da cobertura do seguro;
   c) Empresas de seguros que cubram o risco de responsabilidade civil decorrente da sua utilização, com excepção da responsabilidade do transportador, e respectivos representantes para sinistros, designados nos termos do artigo 67.º;
   d) Lista dos veículos cujos responsáveis pela circulação, em cada Estado membro, estão isentos da obrigação de seguro de responsabilidade civil automóvel seja em razão das suas pessoas seja dos veículos em si;
   e) Nome da entidade responsável pela indemnização em caso de acidente causado por veículos cujos responsáveis estão isentos da obrigação de seguro de responsabilidade civil automóvel em razão da pessoa;
   f) Nome do organismo que garante a cobertura do veículo no Estado membro onde este tem o seu estacionamento habitual, se o veículo beneficiar de isenção da obrigação de seguro de responsabilidade civil automóvel em razão do veículo.

2 – O Instituto de Seguros de Portugal é igualmente responsável pela coordenação da recolha e divulgação dessas informações, bem como pelo auxílio às pessoas com poderes para tal na obtenção das informações referidas no número anterior.

3 – As informações referidas nas alíneas a) a c) do n.º 1 devem ser conservadas por um prazo de sete anos a contar da data de caducidade do registo do veículo ou do termo do contrato de seguro.

4 – O Instituto de Seguros de Portugal coopera com os centros de informação congéneres dos demais Estados membros, designadamente os instituídos nos termos do artigo 5.º da Directiva n.º 2000/26/CE, do Parlamento Europeu e do Conselho, de 16 de Maio, para o cumprimento recíproco das respectivas funções.

ARTIGO 77.º
Disponibilização dos dados de base

1 – O lesado por acidente suscitador de responsabilidade civil automóvel coberta por seguro obrigatório tem o direito de, no prazo de sete anos após o acidente, obter sem demora do Instituto de Seguros de Portugal o nome e endereço da empresa de seguros do veículo cuja utilização causou o acidente, bem como o número da respectiva apólice de seguro e, bem assim, o nome e endereço do representante para sinistros da empresa de seguros no seu Estado de residência.

2 – O Instituto de Seguros de Portugal deve fornecer ao lesado o nome e o endereço do proprietário, do condutor habitual ou da pessoa em cujo nome o veículo está registado, caso aquele tenha um interesse legítimo na obtenção de tal informação.

3 – Para o efeito do disposto no número anterior, o Instituto de Seguros de Portugal deve dirigir-se, designadamente, à empresa de seguros ou ao serviço de registo do veículo.

4 – Se o veículo cuja utilização causou o acidente estiver isento da obrigação de seguro de responsabilidade civil automóvel em razão da pessoa responsável pela sua circulação, o Instituto de Seguros de Portugal comunica ao lesado o nome da entidade responsável pela indemnização.

5 – Se o veículo cuja utilização causou o acidente estiver isento da obrigação de seguro de responsabilidade civil automóvel em razão de si mesmo, o Instituto de Seguros de Portugal comunica ao lesado o nome da entidade que garante a cobertura do veículo no país do seu estacionamento habitual.

ARTIGO 78.º
Disponibilização dos dados informativos relativos à regularização de sinistros suscitadores de responsabilidade civil automóvel

1 – O regime de disponibilização da informação relativa à regularização de sinistros suscitadores de responsabilidade civil automóvel na titularidade das empresas de seguros, Fundo de Garantia Automóvel, ou Gabinete Português da Carta Verde é o previsto no capítulo III do título II.

2 – A entidade fiscalizadora de trânsito que tome conhecimento da ocorrência de acidente de viação deve recolher todos os elementos necessários ao preenchimento da participação de acidente constante de modelo aprovado pela Autoridade Nacional de Segurança Rodoviária.

3 – Os dados referidos no número anterior podem ser tratados nos sistemas informáticos da GNR e da PSP e enviados por via electrónica para os sistemas de informação das entidades competentes em razão da matéria.

4 – A participação de acidente é enviada, por via electrónica, ao tribunal quando tal seja legalmente exigido, mantendo-se cópia em arquivo.

5 – A entidade prevista no n.º 2 remete cópia do auto de notícia por si elaborado:

   a) Ao Fundo de Garantia Automóvel, sendo o responsável do acidente desconhecido, ou isento da obrigação de seguro em razão do veículo em si mesmo, ou se um dos intervenientes no acidente não se fizer acompanhar de documento comprovativo de seguro válido e eficaz;
   b) às empresas de seguros emitentes das apólices de seguro obrigatório de responsabilidade civil automóvel correspondentes aos veículos intervenientes, tratando-se de acidente de que resulte dano corporal.

6 – Nos casos não previstos no número anterior, o auto de notícia é colocado à disposição dos intervenientes nos acidentes de viação suscitadores de responsabilidade civil automóvel, suas empresas de seguros ou representantes, sendo-lhes facilitada a consulta e, se requeridas, fornecidas certidões e informações.

7 – Consideram-se representantes, para efeitos do número anterior, os mandatários forenses dos interessados ou os seus funcionários credenciados, bem como os funcionários credenciados pelas empresas de seguros, pelo Fundo de Garantia Automóvel ou pelo Gabinete Português da Carta Verde.

Artigo 79.º
Tratamento de dados pessoais

Ao tratamento de dados pessoais decorrente da aplicação dos artigos anteriores é aplicável o disposto na Lei n.º 67/98, de 26 de Outubro.

TÍTULO V
Garantia e disposições finais

CAPÍTULO I
Fiscalização e sanções em matéria de circulação automóvel

Artigo 80.º
Admissão à circulação

1 – Os veículos terrestres a motor e seus reboques só podem circular em território nacional se cumprirem a obrigação de seguro fixada no presente decreto-lei e no artigo 150.º do Código da Estrada.

2 – A não renovação ou cessação dos contratos de seguro previstos no presente decreto-lei por motivo distinto do não pagamento do prémio é comunicada pela empresa de seguros ao Instituto da Mobilidade e dos Transportes Terrestres no prazo de 30 dias a contar do início dos efeitos respectivos, com a indicação da matrícula do veículo seguro e da entidade obrigada ao seguro.

3 – Em caso de cessação do contrato de seguro por alienação do veículo, a empresa de seguros, quando não conheça a identidade da pessoa obrigada ao seguro, comunica, no mesmo prazo, às entidades referidas no número anterior a identificação do anterior proprietário.

4 – O Instituto da Mobilidade e dos Transportes Terrestres notifica as entidades responsáveis pelo seguro dos veículos cujo contrato cessou para, no prazo de 15 dias, fazerem a entrega do certificado de matrícula, ou do livrete e do título de registo de propriedade, em qualquer dos serviços do Instituto da Mobilidade e dos Transportes Terrestres, ou procederem à sua devolução por via postal.

5 – O cancelamento da matrícula não se efectua sempre que, no prazo de 15 dias previsto no número anterior, for feita a prova da celebração do contrato de seguro do veículo perante o Instituto da Mobilidade e dos Transportes Terrestres, nos termos do artigo 6.º, ou de que se trata de veículo temporária ou definitivamente não destinado à circulação.

6 – O cancelamento da matrícula por falta de cumprimento da obrigação referida no n.º 4 determina a apreensão do veículo nos termos previstos no Código da Estrada.

7 – As licenças dos veículos pesados de transporte colectivo de passageiros ou de mercadorias, de quaisquer veículos de aluguer, de automóveis ligeiros de táxi e de carros eléctricos circulando sobre carris não poderão ser entregues sem que o respectivo interessado apresente contrato de seguro que abranja as coberturas obrigatórias.

8 – Os comerciantes dos veículos automóveis abrangidos pelo presente decreto-lei farão depender a entrega do veículo ao adquirente da apresentação prévia de documento comprovativo da realização do seguro obrigatório.

Artigo 81.º
Controlo da obrigação de seguro

1- A obrigação de seguro é controlada nos termos previstos no artigo 85.º do Código da Estrada, sem prejuízo da apreensão do veículo prevista na alínea f) do n.º 1 do artigo 162.º do mesmo Código.

2 – A fiscalização prevista no número anterior que incida sobre veículos com estacionamento habitual no território ou de país cujo serviço nacional de seguros tenha aderido ao Acordo entre os serviços nacionais de seguros, ou de

país terceiro em relação aos aderentes ao Acordo e que entre em Portugal a partir do território de país cujo serviço nacional de seguros tenha aderido ao Acordo, deve ser não sistemática, não discriminatória e efectuada no âmbito de um controlo que não tenha por objectivo exclusivo a verificação do seguro.

Artigo 82.º
Entidades fiscalizadoras

O cumprimento das obrigações estabelecidas no presente decreto-lei é fiscalizado pelas autoridades com poderes de fiscalização referidas no n.º 1 do artigo 5.º do Decreto-Lei n.º 44/2005, de 23 de Fevereiro, e ainda pela Direcção-Geral das Alfândegas e dos Impostos Especiais sobre o Consumo relativamente a veículos entrados por via marítima ou aérea que se encontrem matriculados em país terceiro sem gabinete nacional de seguros, ou cujo gabinete nacional de seguros não tenha aderido ao Acordo entre os serviços nacionais de seguros, e não provenientes de país em idênticas circunstâncias.

Artigo 83.º
Documentos autênticos

1 – O certificado provisório de seguro, o aviso-recibo e o certificado de responsabilidade civil, bem como o certificado internacional («carta verde») ou o documento justificativo da subscrição de um seguro de fronteira, são considerados documentos autênticos, pelo que a sua falsificação ou a utilização dolosa desses documentos falsificados serão punidas nos termos da lei penal.

2 – Os documentos referidos no número anterior emitidos no território nacional serão considerados documentos autênticos desde que, nos termos a regulamentar por portaria conjunta dos Ministros das Finanças e da Administração Interna, sejam exarados em registo próprio, pela autoridade pública competente, os números de apólice dos contratos de seguro obrigatório de responsabilidade civil automóvel a que aqueles documentos se reportem.

CAPÍTULO II
Fiscalização e sanções das empresas de seguros

Artigo 84.º
Regime geral

O cumprimento pelas empresas de seguros do previsto no presente decreto-lei, bem como nos respectivos regulamentos, é fiscalizado pelo Instituto de Seguros de Portugal, e o correspondente incumprimento é punível nos termos do regime sancionatório da actividade seguradora, com ressalva do previsto na secção seguinte.

Artigo 85.º
Garantia da responsabilidade civil e da situação registal do veículo

1 – A sanção da circulação do veículo sem seguro obrigatório de responsabilidade civil automóvel, bem como o respectivo processo de aplicação, encontram-se fixados no Código da Estrada, com ressalva do previsto nos números seguintes.

2 – Constitui contra-ordenação, punida com coima de (euro) 250 a (euro) 1250, a circulação do veículo sem o dístico previsto no artigo 30.º, sendo aqueles montantes reduzidos para metade caso no acto de fiscalização seja todavia feita prova da existência do correspondente seguro obrigatório de responsabilidade civil automóvel.

3 – Constitui contra-ordenação, punida com coima de (euro) 500 a (euro) 2500, se o veículo for um motociclo ou um automóvel, ou de (euro) 250 a (euro) 1250, se for outro veículo a motor, a não entrega do certificado de matrícula, ou do livrete e do título de registo de propriedade, nos termos e para os efeitos do n.º 4 do artigo 80.º, salvo se for feita prova da alienação do veículo ou da existência de seguro válido no prazo referido no n.º 5 do mesmo.

SECÇÃO I
Garantia do regime de regularização de sinistros

Artigo 86.º
Contra-ordenações

1 – A infracção ao disposto nos n.os 1, 5 e 6 do artigo 36.º, nos n.os 1 a 3 e 6 do artigo 37.º, nos artigos 38.º a 40.º e nos n.os 1 e 5 do artigo 42.º constitui

contra-ordenação punível com coima de (euro) 3000 a (euro) 44 890, quando não exista sanção civil aplicável.

2 – A infracção ao disposto no artigo 33.º, no n.º 7 do artigo 36.º, no artigo 41.º, no n.º 2 do artigo 44.º e no n.º 2 do artigo 45.º constitui contra-ordenação punível com coima de (euro) 750 a (euro) 24 940.

3 – A negligência é sempre punível, sendo os montantes das coimas referidos nos números anteriores reduzidos a metade.

Artigo 87.º
Registo dos prazos de regularização dos sinistros

1 – Para o efeito da fiscalização do cumprimento pelas empresas de seguros do previsto no capítulo III do título I, as empresas de seguros obrigam-se a implementar e manter actualizado um registo dos prazos efectivos e circunstanciados de regularização dos sinistros que lhes sejam participados no âmbito desse capítulo.

2 – O Instituto de Seguros de Portugal fixa, por norma regulamentar, a estrutura do registo referido no número anterior, bem como a periodicidade e os moldes nos quais aquela informação lhe deve ser prestada pelas empresas de seguros.

Artigo 88.º
Distribuição do produto das coimas

O produto das coimas aplicadas é distribuído da seguinte forma:
a) 60 % para o Estado;
b) 40 % para o Instituto de Seguros de Portugal.

Artigo 89.º
Divulgação das infracções

1 – O Instituto de Seguros de Portugal disponibiliza, para consulta pública, a identificação das empresas de seguros que tenham sido objecto de aplicação de coimas no âmbito previsto na presente secção por decisões transitadas em julgado.

2 – A informação referida no número anterior identifica a empresa de seguros, bem como o número de coimas aplicadas e as disposições efectivamente infringidas.

3 – Sem prejuízo da utilização de outros meios, estas informações são disponibilizadas no sítio da Internet do Instituto de Seguros de Portugal.

CAPÍTULO III
Disposições finais e transitórias

Artigo 90.º
Serviço nacional de seguros português

Compete ao Gabinete Português de Carta Verde, organização profissional criada em conformidade com a Recomendação n.º 5 adoptada em 25 de Janeiro de 1949, pelo Subcomité de Transportes Rodoviários do Comité de Transportes Internos da Comissão Económica para a Europa da Organização das Nações Unidas e que agrupa as empresas de seguros autorizadas a explorar o ramo «Responsabilidade civil – Veículos terrestres automóveis» («Serviço nacional de seguros»), e subscritor do Acordo entre os serviços nacionais de seguros, a satisfação, ao abrigo desse Acordo, das indemnizações devidas nos termos da presente lei aos lesados por acidentes ocorridos em Portugal e causados:

   a) Por veículos portadores do documento previsto nas alíneas b) a e) do n.º 1 do artigo 28.º e com estacionamento habitual em país cujo serviço nacional de seguros tenha aderido a esse Acordo, ou matriculados em país terceiro que não tenha serviço nacional de seguros, ou cujo serviço não tenha aderido seja ao Acordo, seja à secção II do Regulamento anexo ao Acordo, mas que, não obstante, sejam portadores de um documento válido justificativo da subscrição em país aderente ao Acordo de um seguro de fronteira válido para o período de circulação no território nacional e garantindo o capital obrigatoriamente seguro;
   b) Ou por veículos com estacionamento habitual em país cujo serviço nacional de seguros tenha aderido a esse Acordo e sem qualquer documento comprovativo do seguro.

Artigo 91.º
Regulamentação

Compete ao Instituto de Seguros de Portugal aprovar as condições da apólice uniforme do seguro obrigatório de responsabilidade civil automóvel.

Artigo 92.º
Danos próprios

O regime previsto nos artigos 32.º, 33.º, 35.º a 40.º, 43.º a 46.º e 86.º a 89.º aplica-se aos contratos de seguro automóvel que incluam coberturas facultativas relativas aos danos próprios sofridos pelos veículos seguros, desde que os sinistros tenham ocorrido em virtude de choque, colisão ou capotamento.

Artigo 93.º
Relatório sobre a aplicação de algumas soluções

O Instituto de Seguros de Portugal elabora um relatório de avaliação do impacto da aplicação deste decreto-lei, no prazo de três anos após a entrada em vigor do presente decreto-lei, bem como o relatório sobre a execução e aplicação prática da regularização de acidentes causados pela condução de veículo isento da obrigação de seguro, para os efeitos previstos no terceiro parágrafo da alínea b) da Directiva n.º 72/166/CEE, do Conselho, de 24 de Abril, aditada pela alínea b) do n.º 3 do artigo 1.º da directiva transposta pelo presente decreto-lei, para o que conta com a colaboração das demais entidades envolvidas, devendo remetê-los ao Ministro das Finanças.

Artigo 94.º
Norma revogatória

1 – São revogados:
a) O Decreto-Lei n.º 522/85, de 31 de Dezembro;
b) O Decreto-Lei n.º 122-A/86, de 30 de Maio;
c) O Decreto-Lei n.º 102/88, de 29 de Março;
d) O Decreto-Lei n.º 130/94, de 19 de Maio;
e) O Decreto-Lei n.º 83/2006, de 3 de Maio;
f) O n.º 3 do artigo 66.º do Decreto-Lei n.º 94-B/98, de 17 de Abril.

2 – Até à entrada em vigor dos regulamentos necessários para a execução do presente decreto-lei são aplicáveis os regulamentos vigentes, na medida em que não contrariem o presente regime.

Artigo 95.º
Entrada em vigor

O presente decreto-lei entra em vigor 60 dias após a sua publicação.

Visto e aprovado em Conselho de Ministros de 21 de Junho de 2007. – *José Sócrates Carvalho Pinto de Sousa – Luís Filipe Marques Amado – Fernando Teixeira dos Santos – Rui Carlos Pereira – Alberto Bernardes Costa – António José de Castro Guerra.*

Promulgado em 26 de Julho de 2007.

Publique-se.

O Presidente da República, ANÍBAL CAVACO SILVA.

Referendado em 2 de Agosto de 2007.

Pelo Primeiro-Ministro, Luís Filipe Marques Amado, Ministro de Estado e dos Negócios Estrangeiros.

ANEXO 2

**DIRECTIVA 2005/14/CE DO PARLAMENTO EUROPEU
E DO CONSELHO de 11 de Maio de 2005**

que altera as Directivas 72/166/CEE, 84/5/CEE,88/357/CEE e 90/232/CEE do Conselho e a Directiva 2000/26/CE relativas ao seguro de responsabilidade civil resultante da circulação de veículos automóveis

(Texto relevante para efeitos do EEE)

O PARLAMENTO EUROPEU E O CONSELHO DA UNIÃO EUROPEIA,

Tendo em conta o Tratado que institui a Comunidade Europeia, nomeadamente a primeira e a terceira frases do n.º 2 do artigo 47.º, o artigo 55.º e o n.º 1 do artigo 95.º,

Tendo em conta a proposta da Comissão ([1]),

Tendo em conta o parecer do Comité Económico e Social Europeu ([2]),

Deliberando nos termos do artigo 251.º do Tratado ([3]),

Considerando o seguinte:

(1) O seguro de responsabilidade civil resultante da circulação de veículos automóveis (seguro automóvel) assume especial importância para os cidadãos europeus na qualidade de tomadores de seguros ou vítimas de um acidente. Representa igualmente uma preocupação significativa para as empresas de

---

([1]) JO C 227 E de 24.9.2002, p.387.
([2]) JO C 95 de 23.4.2003, p.45.
([3]) Parecer do Parlamento Europeu de 22 de Outubro de 2003 (JO C 82 E de 1.4.2004, p. 297), posição comum do Conselho de 26 de Abril de 2004 (ainda não publicada no Jornal Oficial) e posição do Parlamento Europeu de 12 de Janeiro de 2005 (ainda não publicada no Jornal Oficial). Decisão do Conselho de 18 de Abril de 2005.

seguros,uma vez que constitui uma parte importante do seguro não-vida na Comunidade. O seguro automóvel tem igualmente repercussões sobre a livre circulação das pessoas e veículos. Assim sendo, reforçar e consolidar o mercado único de seguros na área do seguro automóvel na Comunidade deverá constituir um objectivo importante da intervenção comunitária no domínio dos serviços financeiros.

(2) Já se fizeram avanços muito consideráveis nesse sentido com a Directiva 72/166/CEE do Conselho, de 24 de Abril de 1972, relativa à aproximação das legislações dos Estados-Membros respeitantes ao seguro de responsabilidade civil que resulta da circulação de veículos automóveis e à fiscalização do cumprimento da obrigação de segurar esta responsabilidade ([4]), com a segunda Directiva 84/5/CEE do Conselho, de 30 de Dezembro de 1983, relativa à aproximação das legislações dos Estados-Membros respeitantes ao seguro de responsabilidade civil que resulta da circulação de veículos automóveis ([5]), com a terceira Directiva 90/232/CEE do Conselho, de 14 de Maio de 1990,relativa à aproximação das legislações dos Estados-Membros respeitantes ao seguro de responsabilidade civil relativo à circulação de veículos automóveis ([6]), e com a Directiva 2000/26/CE do Parlamento Europeu e do Conselho, de 16 de Maio de 2000, relativa à aproximação das legislações dos Estados-Membros respeitantes ao seguro de responsabilidade civil relativo à circulação de veículos automóveis (quarta directiva sobre o seguro automóvel) ([7]).

(3) É necessário actualizar e melhorar o sistema comunitário de seguro automóvel.Esta necessidade foi confirmada pela consulta realizada junto dos comerciantes de seguros e das associações de defesa dos consumidores e das vítimas.

(4) A fim de excluir eventuais interpretações incorrectas das disposições da Directiva 72/166/CEE e facilitar a cobertura pelo seguro de veículos com chapas de matrícula temporárias, a definição do território em que o veículo tem o seu estacionamento habitual deverá referir-se ao território do Estado da chapa de matrícula, independentemente de essa chapa ser permanente ou temporária.

(5) Nos termos da Directiva 72/166/CEE,os veículos com chapas de matrícula falsas ou ilegais são considerados como tendo o seu estacionamento habi-

---

([4]) JO L 103 de 2.5.1972, p. 1. Directiva com a última redacção que lhe foi dada pela Directiva 84/5/CEE (JOL 8 de 11.1.1984, p. 17).
([5]) JO L 8 de 11.1.1984, p. 17. Directiva com a última redacção que lhe foi dada pela Directiva 90/232/CEE (JO L 129 de 19.5.1990, p. 33).
([6]) JO L 129 de 19.5.1990, p. 33.
([7]) JO L 181 de 20.7.2000, p. 65.

tual no território do Estado que emitiu a chapa original.frequentemente, a aplicação desta regra faz recair sobre um serviço nacional de seguros a obrigação de se ocupar das consequências económicas de acidentes que não têm qualquer ligação com o Estado-Membro em que se encontra estabelecido. Sem alterar o critério geral segundo o qual a chapa de matrícula determina o território em que o veículo tem o seu estacionamento habitual,deverá prever-se uma regra específica em caso de acidentes provocados por veículos sem chapa de matrícula ou com uma chapa de matrícula que não corresponde ou deixou de corresponder ao veículo em causa. Neste caso, e unicamente para efeitos da regularização do sinistro, o território em que o veículo tem o seu estacionamento habitual deve ser considerado como o território em que o acidente ocorreu.

(6) No intuito de facilitar a interpretação e aplicação da expressão «fiscalização por amostragem» constante da Directiva 72/166/CEE, a disposição em causa deverá ser clarificada. A proibição da realização de fiscalizações sistemáticas em matéria de seguro automóvel deverá aplicar-se a veículos que tenham o seu estacionamento habitual no território de outro Estado-Membro, bem como a veículos que tenham o seu estacionamento habitual no território de países terceiros,mas que entrem a partir do território de outro Estado-Membro. Só poderão efectuar-se fiscalizações não sistemáticas que não assumam natureza discriminatória e sejam realizadas no âmbito de um controlo que não se destine exclusivamente a verificar o seguro dos veículos.

(7) A alínea a) do artigo 4.º da Directiva 72/166/CEE permite que os Estados-Membros derroguem à regra geral da obrigação de celebração do seguro obrigatório no caso de veículos pertencentes a certas pessoas singulares ou colectivas, públicas ou privadas. No caso de acidentes provocados pelos referidos veículos, o Estado-Membro que tenha concedido essa derrogação deve designar uma autoridade ou organismo destinado a indemnizar a vítima pelo sinistro causado noutro Estado-Membro. A fim de garantir que não sejam indemnizadas devidamente apenas as vítimas de sinistros provocados por esses veículos no estrangeiro, mas também as vítimas de sinistros ocorridos no mesmo Estado-Membro em que o veículo tem o seu estacionamento habitual,quer sejam ou não residentes no seu território, o referido artigo deverá ser alterado.Além disso, os Estados-Membros deverão garantir que a lista das pessoas isentas de seguro obrigatório e as autoridades ou organismos responsáveis pela indemnização das vítimas de sinistros provocados pelos referidos veículos seja comunicada à Comissão para publicação.

(8) A alínea b)do artigo 4.º da Directiva 72/166/CEE permite que os Estados-Membros derroguem à regra geral da obrigação de celebração do seguro obrigatório no caso de certos tipos de veículos ou de certos veículos com matrícula especial. Nesse caso, os outros Estados-Membros podem exigir, à entrada

do seu território, uma carta verde válida ou seguro de fronteira,a fim de assegurar a indemnização das vítimas de sinistros que possam ser provocados por esses veículos nos respectivos territórios. Contudo, uma vez que a supressão dos controlos nas fronteiras intracomunitárias significa que não é possível garantir que os veículos que atravessem a fronteira estejam cobertos por seguro, a indemnização às vítimas de sinistros provocados no estrangeiro deixam de estar garantidas. Além disso, deverá também garantir-se que sejam devidamente indemnizadas as vítimas de sinistros provocados por esses veículos, não só no estrangeiro, mas também no mesmo Estado-Membro em que o veículo tem o seu estacionamento habitual. Para esse efeito, os Estados-Membros devem tratar as vítimas de sinistros provocados pelos referidos veículos da mesma forma que as vítimas de sinistros provocados por veículos não segurados. Com efeito, tal como previsto na Directiva 84/5/CEE, a indemnização às vítimas de sinistros provocados por veículos não segurados deve ser paga pelo organismo de indemnização do Estado-Membro em que ocorreu o acidente. No caso de pagamento às vítimas de sinistros provocados por veículos abrangidos pela derrogação, o organismo de indemnização terá direito de regresso contra o organismo do Estado-Membro onde o veículo tem o seu estacionamento habitual. Decorridos cinco anos sobre a data de entrada em vigor da presente directiva,a Comissão apresentará, se for caso disso, à luz da experiência adquirida com a implementação e aplicação da referida derrogação, propostas para a sua substituição ou revogação.As disposições correspondentes da Directiva 2000/26/CE deverão igualmente ser revogadas.

(9) No intuito de clarificar o âmbito de aplicação das directivas de seguro automóvel, de acordo com o artigo 299.º do Tratado, deve ser eliminada a referência ao território não europeu dos Estados-Membros constante do artigo 6.º e do n.º 1 do artigo 7.º da Directiva 72/166/CEE.

(10) A obrigação de os Estados-Membros preverem a cobertura pelo seguro para além de determinados montantes mínimos constitui um elemento importante para assegurar a protecção das vítimas. Os montantes mínimos previstos pela Directiva 84/5/CEE devem não só ser actualizados a fim de ter em conta a taxa de inflação, como também ser aumentados em termos reais,a fim de reforçar a protecção das vítimas. O montante mínimo de cobertura por danos pessoais deve ser calculado de forma a compensar plena e justamente todas as vítimas que sofram danos muito graves,tendo simultaneamente em conta a baixa frequência de acidentes que envolvem múltiplas vítimas e o pequeno número de acidentes nos quais diversas vítimas sofremdanos muito graves aquando de um mesmo sinistro.Um montante mínimo de cobertura de 1 000 000 de euros por vítima ou de 5 000 000 de euros por sinistro, independentemente do número de vítimas, afigura-se razoável e adequado. Tendo em vista facilitar a introdução desses

montantes mínimos deve ser estabelecido um período transitório de cinco anos a contar da data do início da aplicação da presente directiva.Os Estados-Membros deverão elevar os montantes de garantia em pelo menos 50 %, no prazo de 30 meses a contar da referida data de início de aplicação.

(11) A fim de garantir que o montante mínimo de cobertura não sofra a erosão do tempo, deverá ser criado um mecanismo de revisão periódica, baseado no índice europeu de preços no consumidor (IEPC) publicado pelo Eurostat, nos termos do Regulamento (CE) n.º 2494/95 do Conselho, de 23 de Outubro de 1995, relativo aos índices harmonizados de preços no consumidor ([1]). É necessário estabelecer o processo da referida revisão.

(12) A Directiva 84/5/CEE, que permite aos Estados-Membros, a fim de evitar a fraude, limitar ou excluir pagamentos pelo organismo de indemnização, em caso de danos materiais provocados por veículos não identificados, pode obstar à legítima indemnização das vítimas, em determinados casos. A possibilidade de limitar ou excluir a indemnização com base no facto de o veículo não ter sido identificado não deverá ser aplicada quando o organismo tiver pago uma indemnização por danos pessoais significativos a qualquer vítima do mesmo acidente no qual o dano material foi causado. Os Estados-Membros podem fixar uma franquia até ao limite estabelecido na citada directiva oponível à vítima desse dano material. Os termos em que os danos pessoais devem ser considerados como significativos deverão ser determinados em conformidade com a legislação ou as disposições administrativas do Estado-Membro em que o sinistro ocorreu. Ao estabelecer essas condições,o Estado-Membro poderá ter em conta, nomeadamente,se os danos sofridos exigiram ou não a prestação de cuidados hospitalares.

(13) A faculdade conferida aos Estados-Membros pela Directiva 84/5/CEE de permitir, até um limite específico, uma franquia,a ser suportada pelo lesado,em caso de danos materiais provocados por veículos sem seguro reduz a protecção do lesado e cria uma discriminação em relação a lesados de outros sinistros.A referida faculdade deverá,pois,deixar de ser concedida.

(14) A segunda Directiva 88/357/CEE do Conselho, de 22 de Junho de 1988,relativa à coordenação das disposições legislativas,regulamentares e administrativas respeitantes ao seguro directo não-vida, que fixa disposições destinadas a facilitar o exercício da livre prestação de serviços ([2]), deverá ser alterada a

---

([1]) JO L 257 de 27.10.1995,p.1.Regulamento alterado pelo Regulamento (CE) n.º 1882/2003 do Parlamento Europeu e do Conselho (JO L 284 de 31.10.2003, p. 1).
([2]) JO L 172 de 4.7.1988, p. 1. Directiva com a última redacção que lhe foi dada pela Directiva 2000/26/CE.

fim de permitir que as sucursais das empresas de seguros possam tornar-se representantes no que diz respeito às actividades de seguro automóvel, como já sucede em relação a outros serviços de seguro distintos do seguro automóvel.

(15) A inclusão de todos os passageiros do veículo no âmbito da cobertura pelo seguro representa um avanço significativo da legislação em vigor. Este objectivo ficaria comprometido se o direito nacional ou qualquer cláusula contratual contida numa apólice de seguro pudesse excluir os passageiros da cobertura pelo seguro por terem conhecimento, ou deverem ter conhecimento, de que o condutor do veículo estava sob a influência do álcool ou de outras substâncias tóxicas no momento do acidente. O passageiro não se encontra em geral em condições de avaliar devidamente o grau de intoxicação do condutor. Desincentivar a condução sob a influência de substâncias tóxicas não passa pela redução da cobertura pelo seguro de passageiros que sejam vítimas de acidentes rodoviários. A cobertura desses passageiros pelo seguro obrigatório do veículo não prejudica a responsabilidade em que possam incorrer, de acordo com a lei nacional aplicável,nem o nível da indemnização a conceder por um acidente específico.

(16) Os danos pessoais e materiais sofridos por peões, ciclistas e outros utilizadores não motorizados das estradas, que constituem habitualmente a parte mais vulnerável num acidente, deverão ser cobertos pelo seguro obrigatório do veículo envolvido no acidente caso tenham direito a indemnização de acordo com o direito civil nacional. Esta disposição não condiciona a responsabilidade civil nem o nível da indemnização por um acidente específico, ao abrigo da legislação nacional.

(17) Algumas empresas de seguro introduzem cláusulas nas apólices de seguro que prevêem que o contrato pode ser resolvido se o veículo se mantiver para além de um período específico fora do Estado-Membro de registo. Esta prática está em conflito com o princípio estabelecido na Directiva 90/232/CEE, segundo o qual o seguro automóvel obrigatório deve abranger, com base num único prémio, todo o território da Comunidade. Deverá, por isso, ser especificado que a cobertura pelo seguro deve manter-se válida durante todo o prazo de vigência do contrato, independentemente de qualquer estadia do veículo noutro Estado-Membro, sem prejuízo das obrigações previstas na lei nacional dos Estados-Membros em matéria de registo de veículos.

(18) Deverá facilitar-se a obtenção de cobertura de seguro para os veículos introduzidos num Estado-Membro a partir de outro Estado-Membro, mesmo que o veículo ainda não esteja registado no Estado-Membro de destino. Deverá ser permitida uma derrogação temporária à regra geral que determina o Estado--Membro em que se situa o risco. Durante um prazo de 30 dias a contar da data

em que o veículo tenha sido entregue,disponibilizado ou enviado ao adquirente, deverá considerar-se que o Estado-Membro em que se situa o risco é o Estado-Membro de destino.

(19) As pessoas que pretendam celebrar um novo contrato de seguro automóvel com outra seguradora deverão estar em condições de comprovar os seus antecedentes em matéria de acidentes e indemnizações ao abrigo do contrato anterior. O tomador do seguro deverá ter o direito de solicitar a qualquer momento uma declaração relativa aos sinistros ocorridos ou não,em que tenha estado envolvido o veículo ou veículos cobertos pelo seguro durante, pelo menos, os últimos cinco anos da relação contratual. A empresa de seguros ou a entidade que tenha sido designada pelo Estado-Membro para prover ao seguro obrigatório ou prestar a referida declaração deverá fornecer a declaração ao tomador do seguro,no prazo de 15 dias a contar do pedido.

(20) A fim de assegurar a devida protecção das vítimas de acidentes de viação, os Estados-Membros não deverão permitir que as empresas de seguros apliquem franquias contra a parte lesada num acidente.

(21) O direito de exigir directamente à empresa de seguros o cumprimento do contrato de seguro assume uma importância significativa na protecção das vítimas de acidentes rodoviários. A Directiva 2000/26/CE já prevê o direito de acção directa do lesado em acidente ocorrido em Estado-Membro diferente do seu Estado-Membro de residência, resultante da utilização de um veículo seguro num Estado-Membro e habitualmente aí estacionado, contra a empresa de seguros que cobre a responsabilidade civil do causador do acidente. A fim de facilitar a regularização rápida e eficaz de sinistros, e evitar, tanto quanto possível, processos judiciais dispendiosos,deverá ser dado o referido direito a qualquer pessoa vítima de acidentes rodoviários.

(22) A fim de reforçar a protecção das vítimas de acidentes rodoviários, a proposta de indemnização fundamentada prevista na Directiva 2000/26/CE deverá ser alargada a todos os tipos de acidentes de viação. Esse mesmo processo deverá aplicar-se também, com as necessárias adaptações,quando o acidente for regularizado pelo sistema dos serviços nacionais de seguros previsto na Directiva 72/166/CEE.

(23) A fim de facilitar à parte lesada requerer uma indemnização, os centros de informação criados nos termos da Directiva 2000/26/CE não deverão limitar-se a fornecer informações relativas aos acidentes abrangidos por essa directiva, devendo estar em condições de fornecer o mesmo tipo de informações sobre qualquer acidente com veículos automóveis.

(24) Nos termos do n.º 2 do artigo 11.º, conjugado com a alínea b) do n.º 1 do artigo 9.º do Regulamento (CE) n.º 44/2001 do Conselho, de 22 de Dezembro de 2000, relativo à competência judiciária,ao reconhecimento e à execução de decisões em matéria civil e comercial (^{1}), o lesado pode demandar directamente o segurador no Estado-Membro em que tem o seu domicílio.

(25) Uma vez que a Directiva 2000/26/CE foi aprovada antes do Regulamento (CE) n.º 44/2001, que substituiu a Convenção de Bruxelas de 27 de Setembro de 1968 relativa à mesma matéria,quanto a alguns Estados-Membros, a referência a esta convenção deverá ser adaptada na citada directiva, quando necessário.

(26) As Directivas 72/166/CEE, 84/5/CEE, 88/357/CEE e 90/232/CEE do Conselho e a Directiva 2000/26/CE do Parlamento Europeu e do Conselho deverão, pois, ser alteradas nesse sentido,

ADOPTARAM A PRESENTE DIRECTIVA:

Artigo 1.º
Alterações à Directiva 72/166/CEE

A Directiva 72/166/CEE é alterada do seguinte modo:

1. O n.º 4 do artigo 1.º é alterado do seguinte modo:

a) O primeiro travessão passa a ter a seguinte redacção:

«– território do Estado da chapa de matrícula do veículo, independentemente de esta ser definitiva ou temporária,»;

b) É aditado o seguinte travessão:

«– no caso de veículos sem chapa de matrícula ou com uma chapa de matrícula que não corresponde ou deixou de corresponder ao veículo e que tenham estado envolvidos em acidentes, o território do Estado-Membro em que o acidente ocorreu, para efeitos da regularização do sinistro, nos termos do primeiro travessão do n.º 2 do artigo 2.º da presente directiva ou do n.º 4 do artigo 1.º da segunda Directiva 84/5/CEE do Conselho, de 30 de Dezembro de 1983, relativa à aproximação das legislações dos Estados-Membros respeitantes ao seguro de responsabilidade civil que resulta da circulação de veículos automóveis (*).

(*) JO L 8 de 11.1.1984, p. 17.»;
(^{1}) JO L 12 de 16.1.2001, p. 1. Regulamento com a última redacção que lhe foi dada pelo Regulamento (CE) n.º 2245/2004 (JO L 381 de 28.12.2004, p. 10).

2. O n.º 1 do artigo 2.º passa a ter a seguinte redacção:

«1. Os Estados-Membros abster-se-ão de proceder à fiscalização do seguro de responsabilidade civil de veículos que tenham o seu estacionamento habitual no território de outro Estado-Membro e de veículos que tenham o seu estacionamento habitual no território de países terceiros e entrem no seu território a partir do território de outro Estado-Membro. Todavia, os Estados-Membros podem realizar uma fiscalização não sistemática do seguro, de forma não discriminatória, no âmbito de um controlo que não tenha por objectivo exclusivo a verificação do seguro.»

3. O artigo 4.º é alterado do seguinte modo:

a) Na alínea a), segundo parágrafo:

i) o primeiro período passa a ter a seguinte redacção:

«Neste caso, o Estado-Membro que prevê esta derrogação toma todas as medidas adequadas para assegurar o ressarcimento dos prejuízos causados no seu território e no território de qualquer outro Estado-Membro pelos veículos pertencentes a essas pessoas.»,

ii) o último período passa a ter a seguinte redacção:

«Comunicará à Comissão a lista das pessoas isentas de seguro obrigatório e as autoridades e organismos responsáveis pela indemnização. A Comissão publicará a lista.»;

b) Na alínea b), o segundo parágrafo é substituído pelo seguinte texto:

«Em tal caso, os Estados-Membros assegurarão que os veículos mencionados no primeiro parágrafo da presente alínea sejam tratados do mesmo modo que os veículos relativamente aos quais não tenha sido satisfeita a obrigação de seguro prevista no n.º 1 do artigo 3.º. O organismo de indemnização do Estado-Membro em que ocorreu o acidente terá direito de regresso contra o fundo de garantia previsto no n.º 4 do artigo 1.º da Directiva 84/5/CEE no Estado-Membro em que o veículo tem o seu estacionamento habitual.

Decorridos cinco anos sobre a data de entrada em vigor da Directiva 2005/14/CE do Parlamento Europeu e do Conselho, de 11 de Maio de 2005, que altera as Directivas 72/166/CEE, 84/5/CEE, 88/357/CEE e 90/232/CEE do Conselho e a Directiva 2000/26/CE relativas ao seguro de responsabilidade civil resultante da circulação de veículos automóveis ([*]), os Estados-Membros apresentarão à Comissão os seus relatórios

---

([*]) JO L 149 de 11.6.2005, p. 14.».

sobre a execução e aplicação prática da presente disposição. Após ter analisado tais relatórios, a Comissão apresentará, se considerar adequado, propostas de substituição ou de revogação da presente derrogação.

4. No artigo 6.º e no n.º 1 do artigo 7.º é suprimida a frase «ou no território não europeu de um Estado-Membro».

ARTIGO 2.º
Alterações à Directiva 84/5/CEE

O artigo 1.º da Directiva 84/5/CEE passa a ter a seguinte redacção:

«Artigo 1.º

1. O seguro referido no n.º 1 do artigo 3.º da Directiva 72/166/CEE deve, obrigatoriamente, cobrir danos materiais e pessoais.

2. Sem prejuízo de montantes de garantia superiores eventualmente estabelecidos pelos Estados-Membros, cada Estado-Membro deve exigir que o seguro seja obrigatório pelo menos no que se refere aos seguintes montantes:

a) Relativamente a danos pessoais,um montante mínimo de 1 000 000 de euros por vítima ou de 5 000 000 de euros por sinistro, independentemente do número de vítimas;

b) Relativamente a danos materiais, 1 000 000 de euros por sinistro, independentemente do número de vítimas.

Se necessário, os Estados-Membros podem estabelecer um período transitório de cinco anos,no máximo,a contar da data do início da aplicação da Directiva 2005/14/CE do Parlamento Europeu e do Conselho, de 11 de Maio de 2005, que altera as Directivas 72/166/CEE, 84/5/CEE, 88/357/CEE e 90/232/CEE do Conselho e a Directiva 2000/26/CE relativas ao seguro de responsabilidade civil resultante da circulação de veículos automóveis (*), para adaptar os respectivos montantes mínimos de cobertura aos montantes previstos no presente número.

Os Estados-Membros que estabeleçam esse período de transição devem informar a Comissão do facto e indicar a duração desse período. No prazo de 30 meses a contar da data do início da aplicação da Directiva 2005/14/CE, os Estados-Membros deverão elevar os montantes de garantia para pelo menos metade dos níveis previstos no presente número.

3. De cinco em cinco anos a contar da data de entrada em vigor da Directiva 2005/14/CE ou do termo de qualquer dos períodos de transição pre-

_____

(*) JO L 149 de 11.6.2005, p. 14.

vistos no n.º 2, os montantes referidos no citado número serão revistos, sob proposta da Comissão, em função do índice europeu de preços no consumidor (IEPC), nos termos do Regulamento (CE) n.º 2494/95 do Conselho, de 23 de Outubro de 1995, relativo aos índices harmonizados de preços no consumidor (*).

Os montantes serão automaticamente ajustados. Devem ser aumentados em função da taxa de variação percentual indicada pelo IEPC para o período de referência, ou seja, o período de cinco anos imediatamente anterior à revisão, e arredondados para um valor múltiplo de 10 000 euros.

A Comissão comunicará os montantes ajustados ao Parlamento Europeu e ao Conselho,e garantirá a respectiva publicação no *Jornal Oficial da União Europeia*.

4. Cada Estado-Membro deve criar ou autorizar a criação de um organismo que tenha por função reparar,pelo menos dentro dos limites da obrigação de seguro, os danos materiais e pessoais causados por veículos não identificados ou relativamente aos quais não tenha sido satisfeita a obrigação de seguro referida no n.º 1.

O primeiro parágrafo não prejudica o direito que assiste aos Estados-Membros de atribuírem ou não à intervenção desse organismo um carácter subsidiário, nem o direito de regulamentarem os direitos de regresso entre este organismo e o responsável ou responsáveis pelo sinistro e outras seguradoras ou organismos de segurança social obrigados a indemnizar a vítima pelo mesmo sinistro. Todavia, os Estados-Membros não permitirão que o organismo em questão subordine o pagamento da indemnização à condição de a vítima provar, seja por que meio for, que a pessoa responsável não pode ou não quer pagar.

5. A vítima pode, em qualquer caso,dirigir-se directamente ao organismo que, com base nas informações fornecidas a seu pedido pela vítima, é obrigado a dar-lhe uma resposta fundamentada quanto ao pagamento de indemnizações.

Os Estados-Membros podem, todavia, excluir o pagamento de indemnizações por este organismo, relativamente a pessoas que, por sua livre vontade, se encontravam no veículo causador do sinistro, sempre que o organismo possa provar que tinham conhecimento de que o veículo não tinha seguro.

6. Os Estados-Membros podem limitar ou excluir o pagamento de indemnizações pelo organismo relativamente a danos materiais causados por veículos não identificados.

(*) JO L 257 de 27.10.1995, p. 1. Regulamento alterado pelo Regulamento (CE)n.o 1882/2003 do Parlamento Europeu e do Conselho (JO L 284 de 31.10.2003, p. 1).»

Contudo, quando o organismo tiver pago uma indemnização por danos pessoais significativos a qualquer vítima do mesmo acidente no qual o dano material foi causado por um veículo não identificado, os Estados-Membros não podem excluir o pagamento da indemnização pelo dano patrimonial com base no facto de o veículo não ter sido identificado. No entanto, os Estados-Membros podem fixar uma franquia não superior a 500 euros oponível à vítima desse dano material.

Os termos em que os danos pessoais devem ser considerados como significativos serão determinados de acordo com a legislação ou as disposições administrativas do Estado-Membro em que o sinistro teve lugar. Nesta matéria, os Estados-Membros poderão ter em conta, nomeadamente, se os danos sofridos exigiram ou não a prestação de cuidados hospitalares.

7. Cada Estado-Membro pode aplicar ao pagamento de indemnizações pelo referido organismo as respectivas disposições legislativas, regulamentares e administrativas, sem prejuízo de qualquer outra prática mais favorável às vítimas.

Artigo 3.º
Alteração à Directiva 88/357/CEE

É revogado o segundo período do quarto parágrafo do n.º 4 do artigo 12.º A da Directiva 88/357/CEE.

Artigo 4.º
Alterações à Directiva 90/232/CEE

A Directiva 90/232/CEE é alterada do seguinte modo:

1. No artigo 1.º é inserido o seguinte parágrafo entre o primeiro e o segundo parágrafos:

«Cada Estado-Membro tomará as medidas adequadas para que qualquer disposição legal ou cláusula contratual contida numa apólice de seguro que exclua os passageiros dessa cobertura pelo facto de terem conhecimento ou deverem ter tido conhecimento de que o condutor do veículo estava sob a influência do álcool ou de qualquer outra substância tóxica no momento do acidente seja considerada nula no que se refere a esses passageiros.».

2. É inserido o seguinte artigo:

«*Artigo 1.º A*

O seguro referido no n.º 1 do artigo 3.º da Directiva 72/166/CEE assegura a cobertura dos danos pessoais e materiais sofridos por peões, ciclistas e outros utilizadores não motorizados das estradas que,em consequência de um acidente em que esteja envolvido um veículo a motor, têm direito a indemnização de acordo com o direito civil nacional. O presente artigo não prejudica nem a responsabilidade civil nem o montante das indemnizações.».

3. O primeiro travessão do artigo 2.o passa a ter a seguinte redacção:

«– abranja,com base num prémio único e durante todo o período de vigência do contrato de seguro, a totalidade do território da Comunidade, incluindo as estadias do veículo noutro Estado-Membro durante o período de vigência contratual, e ».

4. São inseridos os seguintes artigos:

«*Artigo 4.º A*

1. Não obstante o disposto no segundo travessão da alínea d) do artigo 2.º da Directiva 88/357/CEE (*), sempre que um veículo seja enviado de um Estado--Membro para outro deve considerar-se que o Estado-Membro em que se situa o risco é o Estado-Membro de destino a partir da data da aceitação da entrega pelo adquirente por um prazo de 30 dias, mesmo que o veículo não tenha sido formalmente registado no Estado-Membro de destino.

2. No caso de ocorrer um acidente que envolva o veículo durante o período referido no n.º 1 do presente artigo, não estando o veículo coberto por um seguro, é responsável pela indemnização o organismo referido no n.º 4 do artigo 1.º da Directiva 84/5/CEE do Estado-Membro de destino, nos termos do disposto no artigo 1.º da mesma directiva.

Artigo 4.º B

Os Estados-Membros assegurarão que o tomador do seguro tenha o direito de solicitar a qualquer momento uma declaração relativa aos sinistros que envolvam responsabilidade civil, provocados pelo veículo ou veículos cobertos

---

(*) Segunda Directiva 88/357/CEE do Conselho, de 22 de Junho de 1988, relativa à coordenação das disposições legislativas,regulamentares e administrativas respeitantes ao seguro não-vida,que fixa disposições destinadas a facilitar o exercício da livre prestação de serviços (JO L 172 de 4.7.1988, p. 1). Directiva com a última redacção que lhe foi dada pela Directiva 2000/26/CE do Parlamento Europeu e do Conselho (JO L 181 de 20.7.2000, p. 65).

pelo contrato de seguro durante pelo menos os cinco anos anteriores à relação contratual, ou à ausência desses sinistros. A empresa de seguros ou a entidade designada pelo Estado-Membro para prover obrigatoriamente ao seguro ou prestar a referida declaração, deve fornecê-la ao tomador do seguro no prazo de 15 dias a contar do pedido.

Artigo 4.º C

As empresas de seguros não podem aplicar franquias às vítimas de acidentes no âmbito do seguro referido no n.º 1 do artigo 3.º da Directiva 72/166/CEE.

Artigo 4.º D

Os Estados-Membros tomarão as medidas necessárias para que as pessoas lesadas por acidentes causados por veículos cobertos pelo seguro referido no n.º 1 do artigo 3.º da Directiva 72/166/CEE tenham direito de demandar directamente a empresa de seguros que cubra a responsabilidade civil do responsável.

Artigo 4.º E

Os Estados-Membros devem estabelecer procedimento idêntico ao previsto no n.º 6 do artigo 4.º da Directiva 2000/26/CE (*) para a regularização de sinistros resultantes de qualquer acidente causado por veículos cobertos pelo seguro referido no n.º 1 do artigo 3.º da Directiva 72/166/CEE.

No caso de sinistros que podem ser regularizados pelo sistema de serviços nacionais previstos no n.º 2 do artigo 2.º da Directiva 72/166/CEE, os Estados--Membros devem estabelecer procedimento idêntico ao previsto no n.º 6 do artigo 4.º da Directiva 2000/26/CE. Para efeitos de aplicação deste procedimento, todas as referências às empresas de seguros devem ser entendidas como referências aos serviços nacionais, na acepção do ponto 3 do artigo 1.º da Directiva 72/166/CEE.

5. O n.º 1 do artigo 5.º passa a ter a seguinte redacção:

«1. Os Estados-Membros tomarão as medidas necessárias para que os centros de informação criados ou aprovados nos termos do artigo 5.º da Directiva 2000/26/CE, sem prejuízo dos deveres que lhes incumbem por força da referida directiva, forneçam as informações previstas nesse artigo a qualquer parte envolvida num acidente com veículos automóveis causado por um veículo coberto pelo seguro referido no n.º 1 do artigo 3.º da Directiva 72/166/CEE.»

(**) Directiva 2000/26/CE do Parlamento Europeu e do Conselho, de 16 de Maio de 2000, relativa à aproximação das legislações dos Estados-Membros respeitantes ao seguro de responsabilidade civil relativo à circulação de veículos automóveis (quarta directiva sobre o seguro automóvel) (JO L 181 de 20.7.2000, p. 65).».

Artigo 5.º
Alterações à Directiva 2000/26/CE

A Directiva 2000/26/CE é alterada do seguinte modo:

1. É inserido o seguinte considerando:

« (16A) Nos termos do n.º 2 do artigo 11.º, em conjugação com a alínea b) do n.º 1 do artigo 9.º do Regulamento (CE) n.º 44/2001 do Conselho, de 22 de Dezembro de 2000, relativo à competência judiciária, ao reconhecimento e à execução de decisões em matéria civil e comercial (*), o lesado pode demandar directamente o segurador no Estado-Membro em que tenha o seu domicílio.

2. O n.º 8 do artigo 4.º passa a ter a seguinte redacção:

«8. A designação do representante para sinistros não equivale, por si, à abertura de uma sucursal na acepção da alínea b) do artigo 1.º da Directiva 92/49/CEE, não devendo o representante para sinistros ser considerado um estabelecimento na acepção da alínea c) do artigo 2.º da Directiva 88/357/CEE, nem:

– um estabelecimento na acepção da Convenção de Bruxelas de 27 de Setembro de 1968 relativa à competência judiciária e à execução de decisões em matéria civil e comercial (**) – no que diz respeito à Dinamarca,

– um estabelecimento na acepção do Regulamento (CE) n.º 44/2001 – no que diz respeito aos restantes Estados-Membros.

3. Na alínea a)do n.o 1 do artigo 5.o é suprimida a subalínea ii) do ponto 2.

4. É inserido o seguinte artigo:

«*Artigo 6.º A*
Organismo central

Os Estados-Membros tomarão todas as medidas adequadas para facilitar às vítimas,às suas seguradoras ou aos seus representantes legais o acesso, em tempo útil, aos dados de base necessários para a regularização dos sinistros.

Estes dados serão,se for caso disso,postos à disposição, num depósito central sob forma electrónica em cada Estado-Membro,e o acesso aos mesmos será facultado às partes envolvidas no sinistro a pedido expresso destas.»

(*) JO L 12 de 16.1.2001,p.1.Regulamento com a última redacção que lhe foi dada pelo Regulamento (CE) n.º 2245/2004 (JO L 381 de 28.12.2004, p. 10).».
(**) JO C 27 de 26.1.1998, p. 1 (versão consolidada).».

Artigo 6.º
Aplicação

1. Os Estados-Membros devem pôr em vigor as disposições legislativas, regulamentares e administrativas necessárias para dar cumprimento à presente directiva até 11 de Junho de 2007. Desse facto informarão imediatamente a Comissão.

Quando os Estados-Membros aprovarem essas disposições, estas devem incluir uma referência à presente directiva ou ser acompanhadas dessa referência aquando da sua publicação oficial.

As modalidades dessa referência serão aprovadas pelos Estados-Membros.

2. Os Estados-Membros podem,nos termos do Tratado, manter ou pôr em vigor disposições mais favoráveis para a parte lesada do que as disposições necessárias para dar cumprimento à presente directiva.

3. Os Estados-Membros comunicarão à Comissão o texto das principais disposições de direito interno que adoptarem no domínio regido pela presente directiva.

Artigo 7.º
Entrada em vigor

A presente directiva entra em vigor na data da sua publicação no *Jornal Oficial da União Europeia*.

Artigo 8.º
Destinatários

Os Estados-Membros são os destinatários da presente directiva.

Feito em Estrasburgo,em 11 de Maio de 2005.

Pelo Parlamento Europeu	*Pelo Conselho*
O Presidente	*O Presidente*
J. P. BORRELL FONTELLES	N. SCHMIT

ÍNDICE

Sumário 7

§1. Intervenção legislativa complexa, e além da mera transposição da 5ª Directiva do Seguro Automóvel 11

I. ALTERAÇÕES EM TRANSPOSIÇÃO DA DIRECTIVA 13

§2. Actualização progressiva do capital mínimo do SORCA 13

§3. Extensão do "Procedimento de oferta razoável", em termos principalmente geográficos e materiais 15

    3.0. Enquadramento específico da matéria, em especial âmbito do "Procedimento"; o "Regime de regularização de sinistros" 15
    3.1. Alterações ao "Procedimento" para lá do âmbito 22

§4. Alargamento do âmbito de intervenção do FGA 30

    4.1. Danos decorrentes de sinistros automóvel causados por veículos isentos da obrigação de seguro em razão do veículo em si mesmo 31
    4.2. DM causados por sinistro com responsável desconhecido quando se verifiquem simultaneamente DC significativos 32
    4.3. Regime dos veículos importados 33
    4.4. Regime das matrículas falsas 38

§5. Princípio do âmbito "Carta Verde" do seguro obrigatório (assim como do respectivo prémio) 40

§6. Esclarecimento de que o Regulamento CE 44/2001 do Conselho, 22 Dez., permite a lesado demandar a seguradora do responsável no seu (lesado) domicílio 43

§7. Alteração do regime de acesso aos autos-de-notícia de acidentes de viação elaborados por autoridades públicas 44

§8. Respigo de matérias menos significativas: cobertura de peões e ciclistas causadores do acidente; eliminação da franquia das indemnizações a pagar pelo FGA por acidente causado por veículo sem seguro; certificado de tarifação; e outro aspecto (remissão) 45

II. ALTERAÇÕES EXTRA TRANSPOSIÇÃO DA DIRECTIVA 50

 a) Ao nível do funcionamento material do SO (i.e., do âmbito e termos da cobertura) 50

§9. Regime do âmbito de cobertura 51

§10. Danos causados por veículo à guarda de garagista: sua cobertura por seguro, seja o do garagista ainda que em razão de uso alheio ao âmbito profissional do garagista, seja o do proprietário quando não exista seguro do garagista 58

§11. Inspecção periódica obrigatória de veículo 62

§12. Direito de regresso das seguradoras contra o condutor causador do acidente que esteja alcoolizado 63

§13. Regime de regularização dos sinistros; em especial regime da perda total 66

 b) Ao nível do funcionamento lateral do SO (i.e., do informação, forma, prova, ...) 73

§14. Eliminação da obrigatoriedade de emissão do certificado internacional de seguro (carta verde) em todos os casos, concretamente em relação a contratos cujo prémio seja pago em fracções de tempo inferiores ao quadrimestre 73

§15. Especiais deveres de transparência para a previsão de franquia e para o direito de regresso 77

 c) Regime do FGA e da tutela do cumprimento da obrigação de seguro 78

§16. Responsabilidade do FGA pelos danos materiais causados por responsável desconhecido quando o veículo causador do acidente tenha sido abandonado no local do acidente, não beneficiando de seguro válido e eficaz 78

§17. Regime do fundado conflito entre o FGA e a seguradora sobre qual deva indemnizar o lesado 80

§17-A. Excurso. Aplicação da oponibilidade das excepções aos lesados relativamente às invalidades em razão de inexactidões ou omissões na declaração do risco 81

§18. Limites especiais à responsabilidade do FGA quando haja outras entidades
convocáveis para a efectivação do ressarcimento às vítimas 86

    18.1. Acidente simultaneamente de trabalho (ou de serviço) e de viação 87

    18.2. Acidente em que a vítima beneficie de seguro automóvel não obrigatório: seja de seguro de danos próprios, seja de cobertura de pessoas transportadas 92

    18.3. Acidente em virtude do qual o lesado tenha direito a prestações ao abrigo do sistema de protecção da Segurança Social 96

§19. Exclusão do âmbito da garantia do FGA de categorias atinentes ao incumprimento da obrigação de seguro 98

§20. Reforço da garantia de reembolso do FGA 99

§21. Alterações em sede de gestão financeira do FGA 102

§22. Regime especial de apreensão e venda do veículo sem seguro em caso de acidente 103

§23. Síntese final 104

Índice das Disposições Legais principalmente mencionadas nos §§ 1 a 23 111

Abreviaturas 113

Anexo 1 – DL 291/2007, de 21 Ago. 115

Anexo 2 – Directiva 2005/14/CE, 5ª Directiva do Seguro Automóvel 169

Índice 185